MUITAS VIDAS EM UMA SÓ

COLEÇÃO APL
PERFIS BIOGRÁFICOS
1

MUITAS VIDAS EM UMA SÓ

JOSÉ BONIFÁCIO DE ANDRADA E SILVA

JOSÉ RENATO NALINI

ACADEMIA PAULISTA DE LETRAS

imprensaoficial
GOVERNO DO ESTADO DE SÃO PAULO

COLEÇÃO APL
PERFIS BIOGRÁFICOS

A Academia Paulista de Letras completa 111 anos em 2020, ano atípico na aventura humana por este planeta. O insólito moveu o eixo da Terra e quase tudo passou por revisão.

Momento propício para o resgate de vultos um dia chamados para o convívio num salão destinado a tertúlias literárias e ao cultivo do belo, que não se restringe às Letras. A permanência das Academias, inspiração helênica revigorada no século XVII em França, é condicionada ao evento morte. Os acadêmicos são vitalícios e a sucessão apenas ocorre quando eles partem da vida para enfrentar o insondável.

Nomes tutelares integraram essa Casa de Cultura por excelência, há décadas situada no largo do Arouche. Dedicar a cada um deles uma síntese biográfica atende a vários objetivos. O primeiro é preservar o culto à memória dos que devem ser lembrados. Eleger quarenta intelectuais como representação da literatura de um estado como São Paulo, cuja história é uma epopeia prenhe de heroísmos, não é missão singela. Quem são esses acadêmicos, quem foram as pessoas desse colegiado? De onde vieram, o que produziram? Deixaram lições para as gerações que os sucederam?

Pensemos ainda na contribuição ao encadeamento da História. Uma instituição que consegue persistir em cena por mais de século, arrostando as naturais dificuldades que à cultura se antepõem num país heterogêneo, que ainda não obteve nível educacional comparável às grandes nações, por certo servirá como signo de caminhos a percorrer, como padrão de incessante aprendizado.

Numa era em que o declínio de valores é fenômeno global, às novas gerações se oferece aqui um elenco de balizas inspiradoras. Existências fecundas representam primícias que germinaram em solo pátrio ou aqui se desenvolveram e constituem testemunhos de que talento e protagonismo são atemporais.

Vidas singulares, na esplêndida diversidade com que se apresentam os seres humanos, são retratadas em relatos breves, com a esperança de que suscitem a curiosidade dos leitores, levando-os a aventuras tanto generosas quanto restauradoras. A exuberância desse tempo reconstituído é mosaico expressivo do lavor desenvolvido por todos os acadêmicos nesse percurso de pródiga participação num colegiado pluralista.

Tempos virtuais de irreversível imersão em altas tecnologias não inibem a compatibilidade com a reverência ao passado, para revigorar o pertencimento à terra paulista, característico a todos esses perfis.

Enfim, é o preito à imortalidade factível: manter todos eles na lembrança dos que ainda virão. Propósito de todos os que abraçaram esta Coleção.

JOSÉ RENATO NALINI
Presidente

SUMÁRIO

JOSÉ BONIFÁCIO DE ANDRADA E SILVA

O Patriarca da Independência do Brasil é mais conhecido por seu protagonismo durante os anos em que esteve ao lado do imperador Pedro I (**fig. 6**), e tem sido negligenciado o amplo espectro de atuação por ele desenvolvida em outros múltiplos setores.

O foco na década de 1820 deixa a descoberto anos importantes de sua lendária existência. Nascido em Santos, em 13.06.1763, ali morou até 1771, quando seu pai foi transferido para São Paulo, onde permaneceu, ao lado da família, durante dois anos. Voltou depois para Santos, residiu na cidade natal por quatro anos e retornou a São Paulo, prosseguindo sua formação escolar até os 17 anos. Nos três anos seguintes, deve ter viajado a Santa Catarina, onde sua curiosidade irrequieta constatou a fragilidade do sistema brasileiro de pesca à baleia. No mesmo período, visitou as Minas Gerais, para o aprendizado sobre a mineração de ouro e a lavra de diamantes.

Deduz-se que o triênio tenha servido para isso, a partir da desenvoltura com que tratou esses temas na carreira científica. Constatação que afasta a versão de que sua estada na capital do reino só tenha servido para libações e deleite, o que seria próprio à sua faixa etária.

Aos 20 anos, em 1783, embarcou para Lisboa e se radicou em Coimbra. Aí teve início a fase documentada do que fez em sua prolífica existência.

Pouco se guardou sobre o período anterior. Um "esboço biográfico", atribuído a seu irmão Antônio Carlos (**fig. 1**), o caracteriza como "amável menino, pois desde então se distinguiam suas qualidades futuras".[1] A generosidade fraterna acrescenta que ele era uma "criança de [...] bondade quase angélica".

Pouco existe sobre o período em que esteve sob a orientação educacional de dom frei Manuel da Ressurreição, figura que merece maior atenção dos historiadores pátrios, bem como sobre o período em que se aprimorou nos assuntos que iria dominar como cientista. Os pais pertenciam a uma abastada família, considerada a segunda mais abonada de Santos, e exploravam a agricultura. Tema pelo qual se interessou José Bonifácio (**fig. 17**), da mesma maneira que pela mineração e a pesca.

Devotou-se também à economia e a ela conferiu insólito enfoque social, pois se preocupava com a vida sacrificada de seus contemporâneos, sobretudo quanto à qualidade de sua alimentação.

A multiplicidade de seus interesses o levou a conhecer a fundo questões ainda hoje recorrentes. Revolta-se contra "as barbaridades praticadas na inconsciente extinção da espécie dos cetáceos" e contra "assistir ao fabrico estúpido do azeite, no mais completo dos desperdícios, aliás, a começar da pesca".[2]

1 *Apud* Brenno Ferraz do Amaral, *José Bonifácio*. São Paulo: Martins Editora, 1968, p. 17.

2 Ibidem, p. 21.

Por sinal, registrou sua concreta vivência em tudo aquilo que despertou sua intensa curiosidade. Testemunha numa das *Memórias:*

> [...] sempre me lastimou, apenas me vi munido do estudo das ciências naturais, a lembrança das desordens que vi e observei em algumas das armações de baleias no Brasil. Mas o que se pode esperar de feitores estúpidos e inteiramente ignorantes da arte de pescar baleias e modo de extrair azeite e que teimosamente creem não podem dirigir-se melhor estas manobras, só porque eles as têm dirigido assim há muitos anos? E com esta prática, que por ser sua entendem ter a perfeição última, se mostram tão vaidosos a quem os quer bem aconselhar, como pela sua autoridade se portam desumanos com os por eles desgraçados pretos do Contrato.[3]

Extrai-se de tal excerto a certeza de que José Bonifácio era um homem sensível, atento às incoerências perpetradas por um empirismo rústico, já à época a comprometer o patrimônio ecológico. Não se concebia a importância da natureza, tesouro ainda ignorado e desrespeitado pela rusticidade colonial. Também permite a observação incontestável de seu apreço ao abolicionismo e irresignação quanto ao tratamento dispensado ao escravo.

Em outras passagens, compara o preto a uma carroça, tal a insensibilidade do feitor que fiscalizava seu trabalho. Triste conclusão: a inércia persiste em ser a força motriz de tantas práticas nocivas e a prevalência da teoria do "fato consumado" é o que impede a renovação dos costumes e a regeneração dos valores.

3 Ibidem, p. 25.

Algo de que o Brasil continua a padecer, em pleno século XXI.

O aprofundamento nos estudos o leva a ser considerado "um dos fundadores da ciência moderna". É o que se deduz da leitura de suas clássicas *Memórias*, em que relata aprendizado e experiência nos setores aos quais se devotou.[4]

4 Dentre tais ensaios, destacam-se: "Memória sobre o erro em que estão os europeus acerca dos diamantes do Brasil", publicado em Paris, em 1791, pela Sociedade de História Natural, "Instruções práticas para os feitores das minas de ouro de desmonte e de lavagem no Brasil", "Memória sobre a pesca da baleia" e "Memória sobre a plantação de pinhais nos areais de Portugal", também conhecido por "Memória sobre a necessidade e utilidade de novos bosques em Portugal".

AS ORIGENS DOS ANDRADA

A genealogia dos Andrada indica proveniência heráldica, no melhor sentido da conceituação de elite. Sem esmiuçar aquilo que Afrânio Peixoto conseguiu no "Prefácio" ao *Elogio* de Latino Coelho,[5] pode-se afirmar que o filho de Maria Bárbara da Silva e do coronel Bonifácio José de Andrada provinha de nobres troncos:

> Além do sangue fidalgo, os talentos elevados sobravam na família, apontando-se, entre os tios, os drs. José Bonifácio de Andrada, médico e naturalista; Tobias Ribeiro de Andrada, jurisconsulto e canonista; padre João Floriano Ribeiro de Andrada, letrado e poeta; entre os irmãos, Antônio Carlos Ribeiro de Andrada Machado e Silva, Martim Francisco Ribeiro de Andrada, como ele formados em Coimbra, oradores, polemistas, homens de Estado, que tiveram nas gerações subsequentes gloriosa descendência, a qual ainda hoje não lhes desluz a glória e lhes continua a fama.[6]

Os irmãos Andrada foram personalidades de relevo nos séculos XVIII e XIX, o que os levou a serem figuras polêmicas, cultuados por alguns, criticados por outros. É inegável, de qualquer forma, o protagonismo dos três em fases significativas da História do Brasil.

5 Afrânio Peixoto, "Prefácio", *in* José Maria Latino Coelho, *Elogio histórico de José Bonifácio de Andrada e Silva*. Rio de Janeiro: Edições Livros de Portugal, 1942, p. 18 e ss.

6 Ibidem, p. 26.

A IMPORTÂNCIA DA EDUCAÇÃO

Entre os Andrada, o âmbito da elite, o pai – abastado e poderoso – sempre orbitou o poder. Em 04.07.1771, foi nomeado escrivão interino da Junta da Real Fazenda de São Paulo pelo governador dom Luiz Antônio de Souza Botelho Mourão. Propiciou a melhor educação a seus filhos, que eram considerados o paradigma da mais bem formada juventude do século XVIII.

Aspecto pouco abordado na biografia de José Bonifácio é o papel da família na sua formação. Assim como os efeitos, em sua trajetória, da verdadeira revolução promovida pelo marquês de Pombal no futuro de Portugal e do Brasil.

Em 03.09.1759, foram expulsos de Portugal os jesuítas, que se encarregavam de toda a educação do reino, e só em 28.08.1772 concretizou-se a Reforma dos Estudos. Em 06.11.1772, criou-se o ensino público primário e, em 1773, o papa Clemente XIV extinguiu a Companhia de Jesus.[7]

Em 1774 chegava a São Paulo o novo bispo, dom frei Manoel da Ressurreição, cuja recepção coincidia com os festejos em ação de graças pelo afastamento dos padres denominados jesuítas.

O episódio merece análise isenta. Em regra, lamenta-se a expulsão dos primeiros educadores da colônia, antiga Terra de Santa Cruz. A confiar-se em relatos fidedignos, como o de dom Antônio da Costa de Souza de Macedo, a opção pombalina teria sido

7 Dom Antônio da Costa, *História da instrução popular em Portugal*, 2ª ed. Porto: Editora A Figueirinha, 1900, p. 105.

benéfica para a educação. É que, a partir de carta de santo Inácio de Loyola, concluir-se-ia que os jesuítas convictos do acerto da Ordem eram obrigados a abdicar da inteligência:

> Quereis ver como podereis alcançar a perfeição da obediência? O primeiro meio é que não considereis a pessoa do superior como homem sujeito a erros, antes olhai para aquele a quem no homem obedeceis, que é Cristo, o qual sabeis que não pode enganar-se nem quer enganar... O segundo meio é que sejais prontos para buscar sempre razões para defender o que o superior ordena e ao que se inclina e não para o reprovar... O terceiro é que atenteis conosco que tudo que o superior ordena é ordem de Deus Nosso Senhor.[8]

O comentário de dom Antônio da Costa de Souza de Macedo é contundente:

> A carta, interpretação autêntica da lei jesuíta, diz tudo. A obediência passiva formava a base da ordem. E seria a simples obediência? Não. As palavras são claras e terminantes. Exigia-se mais: renegação da liberdade, que se confessa recebida de Deus, renegação da vontade e renegação do entendimento. A imagem da abdicação humana seria difícil de se pintar com mais vivas cores.[9]

O cultivo das ciências em Portugal datava do século XIII. Para a era das conquistas marítimas, foi necessário munir-se da mais acurada erudição disponível. Assim é que a Escola de Sagres, seguida da Universidade

8 *Apud* B.F. do Amaral, *op. cit.*, p. 42.

9 Ibidem.

em Lisboa, desde 1290 importava professores de todo o planeta. Dom Henrique introduz a Aritmética e a Geometria entre as Artes, dom João III moderniza o ensino da Matemática e oferece os palácios de Coimbra para uma Universidade bem instalada e a reorganiza em 1537.

Ocorre que o próprio dom João III, por influência da filha favorita, em 1555 entrega aos jesuítas o Colégio das Artes, encarregado da admissão dos estudantes em Coimbra. O retrocesso foi manifesto, a ponto de se afirmar que "a razão batia as asas e fugia espavorida donde efetivamente não queriam que ela se estabelecesse".[10]

A queda do obscurantismo, opção de Pombal, proporcionou a nomeação de dom frei Manoel para assumir o bispado de São Paulo. Nascera em janeiro de 1718, em Lisboa, integrava a ordem franciscana da observância, era professor jubilado ao ser nomeado bispo. Chegou a São Paulo em 19.03.1774, tornou-se preceptor de José Bonifácio e era também ligado às altas esferas governamentais.[11]

O preceptor era homem culto e, por ocasião de sua morte, deixou 1.548 volumes em biblioteca particular, algo raro à época. Muitas obras indicavam a tendência antijesuítica do prelado, a partir da produção dos doutores da Igreja vetados pelos jesuítas. Santo Agostinho (**fig. 10**) está presente, e não Tomás

10 Ibidem, p. 43.

11 Monsenhor Paulo Florêncio da Silveira Camargo, *A igreja na história de São Paulo*, vol. V. São Paulo: Instituto Paulista de História e Arte Religiosa, 1953, p. 392. A enunciação de seus títulos dá conta disso: *D. Frei Manoel da Ressurreição, da Ordem dos Menores Observantes, por Divina Providência Bispo Paulopolitano, do Conselho de Sua Majestade,...* etc. Há um episódio interessante: falecido em 21.10.1789, quando era sepultado na cripta da Sé, desprendeu-se do teto o lampadário central.

de Aquino. Mas consta do acervo São Boaventura, considerado opositor ao tomismo.[12]

Brenno Ferraz do Amaral, biógrafo e cultor da memória de José Bonifácio, credita à formação franciscana do orientador a assimilação de algumas qualidades posteriormente detectadas na trajetória do discípulo. Atribui ao perfil ético-mental do preceptor os traços de caráter como "absorvente espírito prático, senso de organização, indelével amor ao trabalho – virtudes todas de franciscano – que o fizeram operário (pescador, agricultor e mineiro) desde moço, assim como antiescravista".[13]

São fatos e circunstâncias da macro-história a moldar a micro-história de quem veio a desempenhar significativo papel na consolidação do desligamento entre Colônia e Metrópole.

12 Julián Marías, *História de la filosofia,* 2ª ed. Madrid: Revista de Ocidente, s/d, p. 160.

13 B.F. do Amaral, *op. cit.*, p. 54.

JOSÉ BONIFÁCIO CIENTISTA

O santista descobriu a terra lusa e nela sobressaiu. A ponto de intuir que, após a fuga da família real, o centro nervoso do reino era o Brasil. Por isso José Bonifácio queria voltar à pátria. Nela, seus irmãos Antônio Carlos era juiz e Martim Francisco (**fig. 2**), na missão naturalista, administrava minas em São Paulo. Só que Portugal receava que o retorno de José Bonifácio ao Brasil poderia não convir aos interesses da Coroa. Foi providencial, portanto, a missão de estudos que se lhe confiou, para instruir-se em Paris, com o intuito de aprimorar os aprendizados em Química e Mineralogia. Foi discípulo de [Antoine] Lavoisier (**fig. 14**), [Jean-Antoine] Chaptal, [Antoine François de] Fourcroy, [Antoine Laurent de] Jussieu, [René-Just] Haüy, na França. Na Alemanha, teve aulas com [Abraham Gottlob] Werner, [Johann Friedrich] Lempe, [Alexander Wilhelm] Köhler, [Johann Friedrich] Klotzsch, [Johann Carl] Freiesleben, [Wilhelm August] Lampadius e outros.

Suas viagens incluíram Itália, Tirol, Hungria, Boêmia, Turquia, Dinamarca, Suécia e Noruega. Em todos os lugares, evidenciava singular interesse: assimilava conhecimentos, prospectava, descobria minerais novos.

As descobertas mineralógicas de José Bonifácio continuam quase inteiramente ignoradas no Brasil, mas constam de obras estrangeiras. Assim é que, no livro *A System of Mineralogy*, de James Dwight Dana,[14]

14 James Dwight Dana, *A System of Mineralogy*, Ed. Princeps, 1892, reproduzido por John Wiley and Sons. New York, 1904 *apud* B.F. do Amaral, *op. cit.*, p. 22.

há pelo menos treze contribuições de Andrada para a mineralogia universal.

Poucos brasileiros sabem que foi Andrada quem descobriu a petalita, o espodumênio, a criolita, a escapolita, a vernerita, o acanticônio, variedade de epídoto, o mesmo que arendalita, a salita, a cocolita, variedade de piroxênio, o ictioftalmo, da localidade de Utö, a afrizita, espécie de turmalina preta, a indicolita, conhecida também como turmalina azul, tanto a pálida, como a escura, além da alocroíta e a colofonita. Tão importante a descoberta de José Bonifácio que, em 1868, o pesquisador Dana mudou o nome da alocroíta para andradita, nova denominação também da colofonita e testemunho da dimensão científica do Patriarca.

Não se cuida de citação isolada, mas "estão nos livros da especialidade mineralógica consignados os achados e as descrições de José Bonifácio, com as reverências ao nome de 'D'Andrada', como é chamado, havido entre os mais respeitados".[15] Tudo documentado nas memórias da Real Academia das Ciências, com relato de visitas e exploração científica sobre minas, jazidas metalíferas, viagens mineralógicas e geognósticas que compreenderam Portugal e outros países.

Sublinhe-se que José Bonifácio tinha plena proficiência em seis línguas e entendia mais outras cinco. Dominava um leque de assuntos, sobre os quais dissertava com autoridade. Algo que não passou despercebido por outras pessoas eruditas que com ele conviveram. Assim é que, na correspondência de Maria Graham (**fig. 18**), intelectual que privou da intimidade

15 A. Peixoto, "Prefácio", *in* J.M.L. Coelho, *op. cit.*, p. 29.

dos primeiros imperadores e conviveu com Bonifácio, há eloquente testemunho:

> Era homem de raro talento. A uma educação europeia, havia acrescentado o que a experiência poderia fornecer pelas viagens. Havia estudado todas as ciências, que imaginou poderiam ser vantajosas aos interesses locais e comerciais do Brasil. Lia a maior parte das modernas línguas da Europa e falava várias delas com correção.[16]

Foi esse conjunto de atributos que o conduziu a manifesto reconhecimento em Portugal. Ali, criou a cadeira de Metalurgia na Universidade de Coimbra, superintendeu e dirigiu os serviços de canalização do Mondego e das obras públicas na mesma cidade, promoveu o curso de Docimasia na Casa da Moeda de Lisboa. Foi intendente geral das Minas e Metais do Reino, dirigiu e administrou as minas e fundições de ferro de Figueiró dos Vinhos, intendeu a polícia do Porto e, nesta cidade, foi desembargador da Relação. Sem prejuízo, quando da invasão napoleônica, aliciou colegas para a milícia acadêmica e permaneceu nas fileiras do exército na condição de major até que o invasor deixasse o luso solo. Soube cultivar a erudição, mas não descurou da atuante participação em tudo aquilo que sua devoção ao correto impusesse arroubo e destemor.

16 Correspondência entre Maria Graham e a imperatriz dona Leopoldina, e cartas anexas. Rio de Janeiro: 1940, p. 84, separata dos *Anais da Biblioteca Nacional do Rio.*

JOSÉ BONIFÁCIO AMBIENTALISTA

Em tempos cruéis para a natureza brasileira, não é demais recordar que o Patriarca foi um dos primeiros ecologistas no planeta.

Filho de empresário que, entre outras atividades, explorou a agricultura, não é improvável tenha cultivado o solo com suas mãos. Admitiu a sua afeição à terra quando escreveu: "A agricultura, tão necessária e aprazível e honrosa, sempre atraiu a minha atenção e amor".[17] Seu pai desenvolvia lavoura no sítio de Outeirinhos, na Baixada Santista, lugar de frequência constante e obrigatória de toda a prole.

Atribui-se ao eficiente aprendizado da língua germânica e ao convívio com Alexander von Humboldt o cultivo conceitual e pragmático da preservação dos recursos naturais e o aprofundamento nas ciências florestais.

No ensaio "Memória sobre a necessidade e utilidade de novos bosques em Portugal", com epígrafe "Particularmente de pinhais nos areais de beira-mar; seu método de sementeira, costeamento e administração",[18] torna patente essa vocação.

Propunha-se escrever e publicar outros livros sobre o tratamento a ser conferido às matas:

> Se tiver saúde e mais sossego talvez ouse publicar um dia em compêndio toda a ciência florestal,

17 José Bonifácio de Andrada e Silva, *Memória sobre a necessidade e utilidade de novos bosques em Portugal,* Lisboa: Tipografia da Academia Real das Ciências, 1815, "Prefácio", p. 4.

18 Ibidem.

> adaptando ao clima e terrão de Portugal, lições que recebi do meu sábio mestre e colega conde de Burgsdorff, monteiro-mor das matas de Brandeburgo; aproveitando também para tão útil fim a colheita de ideias e observações que fiz em minhas longas e dilatadas viagens. Por pequenas que sejam minhas forças, se chegar de algum modo a desempenhar a empresa, certo farei não pequeno serviço a Portugal; pois nada possuímos em matéria tão importante.[19]

Preciosa a contribuição ecológica de José Bonifácio. Primeiro, porque, há mais de duzentos anos, já se preocupava com fenômenos hoje tão urgentes e negligenciados: a devastação da mata costeira, as oscilações do nível do mar, a instabilidade da cobertura de areia das praias, a vegetação como forma de aumentar a segurança das populações litorâneas. Tudo isso já detectara e merecera sua atenção minuciosa e aprofundada.

Trata com rigor científico o reflorestamento, sua importância e necessidade, sua evidente utilidade. Contempla a restauração e a conservação do solo contra a invasão da areia. Explica os fenômenos da natureza, então pressentidos, hoje comprovados pela ciência. Indica a ordem dos trabalhos preliminares, os remédios e preservativos, cuida das sebes e coberturas e parte para o pragmatismo do projeto planejado em detalhes.

É aí que disserta sobre a sementeira das árvores silvestres em geral, da sementeira dos pinheiros em particular, relata quais as plantas arenosas, fornece o catálogo alfabético das plantas próprias aos areais,

19 Ibidem, p. 4.

com seu nome botânico e vulgar, indica as outras espécies que podem ocupar os areais e até a lavoura viável. Mas não permanece apenas no método e planificação, adentrando a uma área própria a economistas e administradores.

Invoca "pequeno patriotismo e uma faísca de senso comum" a seus conterrâneos, para acompanhar, nessa missão restauradora, as nações cultas da Europa. Ressalta lições históricas, sublinhando que os países que perderam suas matas converteram-se em áreas estéreis e despovoadas. Menciona Síria, Fenícia, Palestina, Chipre e alertava que isso poderia também acontecer com Portugal.

Já àquela altura, criticava a monocultura que então se instalava em São Paulo: o cultivo da cana-de-açúcar.

> Bonifácio não gostou do que viu no planalto: "Se eu pudesse alguma coisa para com Deus, lhe rogaria quisesse dar muita geada anualmente nas terras de serra acima, onde se faz o açúcar, porque a cultura da cana tem sido muito prejudicial aos povos." Os prejuízos decorriam, segundo ele, da diminuição da lavoura de subsistência, do encarecimento de produtos básicos e da introdução de escravos africanos que substituiriam os índios. A combinação de escravidão e latifúndio levava à corrupção dos costumes e à devastação das matas. Lamentava: "Os meus paulistas, quão diferentes os achei do que os deixei! Só conservam a antiga valentia para a guerra, em tudo o mais estão com os mesmos vícios que o resto do Brasil".[20]

20 Mary del Priore, *As vidas de José Bonifácio*. Rio de Janeiro: Estação Brasil, 2019, p. 139.

Tudo piorou desde então. O Brasil retrocedeu de forma nefasta em relação à tutela ecológica. Bonifácio tinha razão ao vislumbrar a catástrofe. Seu vaticínio é profético:

> Que lástima não é que um tão belo país, por desmazelo emperrado de muitos de seus filhos, se vá reduzindo a um esqueleto de charnecas descarnadas e de cabeços escalvados; quando, pela temperatura de seu clima e pelas desigualdades de sua superfície, podia ter quase todas as árvores próprias dos climas quentes e frios do nosso globo![21]

Adaptado ao Brasil de 2020, o presságio se torna ainda mais doloroso. O país com a maior biodiversidade do planeta, detentor da última grande floresta tropical, tudo destrói de forma inclemente, com uma sanha nefasta e inaudita.

21 J.B. de Andrada e Silva, *op. cit.*, p. 89.

A REVISÃO DA HISTÓRIA

Nem por sua sólida contribuição para melhorar a vida no planeta, notadamente em suas duas pátrias, restou José Bonifácio incólume a críticas. A historiadora Mary del Priore escreveu *As vidas de José Bonifácio* e revisita o trajeto do Patriarca pela terra-mãe. Para ela, não foi um exemplo de estudante: "Aluno brilhante? Estava mais para regular. Era aprovado sem menções". As ausências eram anotadas: "Doze faltas" no terceiro ano, por exemplo. No quarto ano, "dez faltas de aula e uma sabatina para defendente com causa".[22]

Diplomou-se em Ciências Jurídicas, "desistiu do curso de Matemática e, além do diploma da Faculdade de Leis, recebido a 16 de junho de 1787, Bonifácio conquistou, aos 24 anos, o título de bacharel em Filosofia Natural, que compreendia todos os ramos das ciências dedicados à observação da natureza. Tornou-se 'naturalista'".[23]

A autora explora as deficiências do ensino do Português, a decadência das instituições culturais, para concluir que as Academias eram falácias, porque deploráveis em sua produção.

> Era consenso. Desde sempre, a Academia gozava de pouco prestígio. Não servia como cartão de visita fora do reino. Foi nesse clima de atraso intelectual, de clientelismo, em que se suava para extrair benefícios das autoridades, além de assistir ao abandono de naturalistas brasileiros, que Bonifácio se formou.[24]

22 M. del Priore, *op. cit.*, p. 32.

23 Ibidem.

24 Ibidem, p. 45.

Considera um enigma não ter ele seguido a carreira de magistrado e estranha o ter se aproximado do poderoso duque de Lafões (**fig. 11**), dom João de Bragança, que introduziu José Bonifácio na Academia Real das Ciências de Lisboa (**fig. 15**). Faz pouco da "Memória sobre a pesca da baleia e extração do seu azeite, com algumas reflexões a respeito de nossas pescarias" e discorda da opinião geral de que ele era um cientista. "Biógrafos, porém, alegam o 'reconhecimento de suas potencialidades de naturalista' para explicar uma pensão do Estado, com o fim de aprimorar seus conhecimentos de mineralogia e metalurgia, que ele passou a receber. Tudo leva a crer, porém, que o pragmatismo do brasileiro pesou na escolha da carreira e do protetor".[25] Acrescenta, em desfavor de seu caráter:

> Foi frente a essa figura notável que Bonifácio passou a curvar a espinha, pois o mérito do servidor não significava absolutamente a garantia de obter postos de comando. Somente a "felicidade em bem servir" era gratificada. Como bom súdito de uma monarquia absolutista, o brasiliano sabia que uma comissão ou cargos dependiam de favores. A necessidade imperiosa de exibir a medida de seus talentos deve ter animado Bonifácio, que, ambicioso, não tinha outra escolha a não ser tentar sua sorte.[26]

O olhar pouco generoso de Mary del Priore desenha um José Bonifácio ressentido, a rastejar perante os poderosos, em busca daquilo que o nascimento não lhe dera: a nobreza aristocrática. Enfatiza os pleitos de re-

25 Ibidem, pp. 45-6.

26 Ibidem, p. 48.

conhecimento, inclusive com vistas a uma remuneração mais condigna, e obnubila a aura de genialidade com que o Brasil se acostumou a cortejar o santista.

A polarização entre a divinização e a satanização de José Bonifácio inclina o analista sensato a optar pela moderação. Não há antagonismos irreversíveis, mas em praticamente tudo existem intersecções, pontos de encontro, penumbra e zonas gris. Invoco o ensinamento do filósofo Tzvetan Todorov, a recordar que Aristóteles (**fig. 12**) elogiava a moderação, o ponto de equilíbrio entre dois extremos. Para ele, "talvez seja mais interessante a controvérsia que se fixou no decorrer dos séculos na doutrina cristã. A própria ideia de um homem-deus, da encarnação, implica que a oposição entre esses dois termos, o humano e o divino, mesmo sendo mantida, pode ser transcendida".[27] Todos podem ser a mescla do bem com o mal, é possível "identificar várias formas de pensamento, no âmago dos quais reconhecemos a diferença, sem torná-la absoluta".[28]

Embora o consenso não tenha boa reputação, lembra Todorov, os extremos são sempre duros. Não se anule a oposição entre o bem e o mal, mas negue-se a sua compartimentação excludente. Reconhecer a inevitável relatividade entre os polos "nos torna sensíveis às consequências perversas das boas intenções, assim como aos traços de humanidade entre aqueles cujo projeto de conjunto condenamos".[29] José Bonifácio viveu como um ser

27 Tzvetan Todorov, *Deveres e deleites – Entrevistas com Catherine Portevin*, São Paulo: Editora Unesp - Imprensa Oficial do Estado de São Paulo, 2019, p. 421.

28 Ibidem, p. 422.

29 Ibidem, p. 423.

humano do século XVIII, interessou-se por inúmeras questões. Não se lhe cobre perfeição, atributo inexistente na humanidade. Mas não se lhe negue a consistente contribuição, resultante do arrojado percurso por sendas inóspitas à época.

Seria mero acaso ter sido convidado para inspetor das Minas da Noruega, o que recusou, e ter sido "escolhido para membro da Academia das Ciências de Copenhague (1808), da Sociedade Filomática e [da] Sociedade de História Natural (1791), ambas de Paris, da Sociedade dos Investigadores da Natureza, de Berlim (1797), da Sociedade Mineralógica, de Iena, na Alemanha, da Academia Real de Ciências (1801) de Turim e de outras sociedades de Edimburgo, Londres, Gênova e Filadélfia?".[30]

A respeito da consistência de suas pesquisas e de sua contribuição para a ciência, invoque-se o testemunho do astrônomo Karl [Christian] Bruhns, em sua biografia de Alexander von Humboldt, ao elencar seus companheiros. Todos eles, destinados a se tornarem *mestres da ciência,* tais como Leopold von Buch, o dinamarquês [Jens] Esmark, o português Andrada, o espanhol [Andrés Manuel] Del Río. É o que consta da obra do diretor do Observatório de Leipzig, publicada em 1872.[31]

O prestígio conquistado por José Bonifácio consolidou-se no período entre 1822 e 1823, na efervescência do movimento para tornar o Brasil um Estado-Nação independente. Foi por esse motivo que, em 06.04.1831, Pedro I o nomeou tutor de seus filhos. Tinha em mente a circunstância de que, ao servir

30 B.F. do Amaral, *op. cit.*, p. 173.

31 Karl C. Bruhns, *Alexander von Humboldt. Eine wissenschaftliche* Biographie, Leipzig: Brockhaus, 1872, vol. I, p. 128.

como Ministro-Chefe do Imperador, José Bonifácio suplantara todas as inimizades do Império nascente.

A escolha de Pedro I não foi consensualmente aceita por todos. "Algo que alimentava a controvérsia sobre a nomeação de José Bonifácio era seu caráter e sua conduta passada. Homem de notável capacidade, grande experiência administrativa e imensa autoconfiança, José Bonifácio sempre se mostrara tendencioso em suas negociações, arrogante com seus rivais e vingativo em relação aos oponentes".[32] Acusava-se o tutor de não conseguir separar o interesse público de vantagens pessoais, inclusive de seus familiares. Para boa parte dos políticos brasileiros, os irmãos Andrada eram "forasteiros", porque haviam cursado a Universidade de Coimbra e, graduados, obtiveram postos de relevo no governo real.

Tiveram protagonismo visível no movimento pela Independência, mas chegaram a ser deportados para a França quando da dissolução da Assembleia Constituinte em novembro de 1823. Só que, ao voltarem ao Brasil em 1829, teriam conservado a ambição. Os três foram eleitos para a Câmara dos Deputados convocada em 1830. Ventos da desgraça novamente bafejaram sobre os Andrada, notadamente sobre seu principal líder. Bonifácio foi preso, julgado, finalmente inocentado – no ritmo da justiça brasileira – e morreu praticamente no ostracismo.

Entretanto, é considerado o maior dentre os brasileiros. Inclusive por insuspeitos estrangeiros que visitavam o Brasil.

32 Roderick J. Barman, *Imperador cidadão*. São Paulo: Editora Unesp - Imprensa Oficial do Estado de São Paulo, 2019, p. 61.

Em 1819, durante sua primeira viagem a São Paulo, o sábio francês Auguste de Saint-Hilaire dele fez o seguinte retrato:

> Em todas as várias regiões por que passara, eu ainda não tinha encontrado ninguém que fosse tão benquisto por todos. [...] Depois que se instalou em São Paulo, ele reorganizou todos os setores da administração, despediu os funcionários que oprimiam o povo, e, em datas predeterminadas, fazia com que os capitães-mores prestassem conta do que se passava. Examinava todos os projetos que lhe eram apresentados, conciliava as disputas entre os seus subordinados, evitando que os casos fossem levados à Justiça. Enfim, era como um verdadeiro pai para os seus governados.[33]

A crônica do exercício do poder é prenhe de exemplos em que versões conflitantes, todas acompanhadas de boas doses de veracidade, sobrevivem à efêmera vida biológica dos envolvidos, e resta à posteridade adotar aquela resultante de sua abalizada análise.

33 M. del Priore, *op. cit.*, p. 145. Mais um pioneirismo andradiano: precursor das ADR – *Alternative Dispute Resolution,* considerada a labiríntica tramitação dos processos judiciais no arcaísmo da Justiça convencional.

PERSONALIDADE POLÊMICA

É compreensível que o convívio com o poder, a fama de erudito e a vontade de comandar a política de seu país tenham gerado para José Bonifácio não poucos conflitos.

Os que o endeusam só enxergam virtudes. Não fossem elas, o rompante de Pedro I ao proclamar a Independência do Brasil não teria ocorrido. Foi ele quem conduziu o processo de maneira a concretizar um propósito que à maioria poderia parecer utópico. Os personagens do período que antecedeu o 07.09.1822 testemunham isso: "Era a alma de José Bonifácio que se imprimia em todos os atos da pública administração".[34] Sua personalidade forte impunha direção e ritmo à gestão nacional: "O caráter de José Bonifácio não era para consentir que, governando ele, um poder estranho se intrometesse entre o governo e a nação. Recebia a todos, utilizava o serviço de todos em proveito da causa pública, mas não se deixava influir por ninguém".[35]

Seu amor ao Brasil superava o que se poderia esperar de um líder. Até a ideia de se conferir a Pedro I o título de imperador, e não de rei, foi criação de Bonifácio. Para ele, "o Brasil quer viver em paz e amizade com todas as outras nações, há de tratar igualmente bem a todos os estrangeiros, mas jamais consentirá que eles intervenham nos negócios inter-

34 Antonio de Meneses Vasconcellos de Drummond, *Annotações à biografiia de M.V. Drummond*. Rio de Janeiro: Tipografia de G. Leuzinger & Filhos, 1890, p. 42.

35 Ibidem, p. 45.

nos do país. Se houver uma só nação que não queira sujeitar-se a esta condição, sentiremos muito, mas nem por isso nos havemos humilhar nem submeter à sua vontade".[36] É exclusivamente dele, portanto, a façanha de elaboração da "famosa peça inteiriça de arquitetura social", o seu sonho para o Brasil.

Foi a mais poderosa influência exercida sobre o jovem imperador. Reconhecem todos que "a influência de José Bonifácio no ânimo do príncipe era tão grande que resistiu a todas as sugestões de seus adversários e, se uma vez sucumbiu, foi por efeito de uma desgraçada paixão amorosa que submeteu o coração do príncipe, gerou os acontecimentos que afligiram o Brasil, provocou a abdicação e fez da Monarquia um problema por algum tempo difícil de resolver".[37]

Contestado e criticado, sentia-se muitas vezes caluniado, como quando se desabafa com Drummond:

> Meu bom amigo e senhor do coração, acabo de receber hoje a *Opinião,* que me enviou, em que se zurze ao infame caluniador, que só merece resposta de pau. [...] Eu estou enfastiado de polêmicas e desaforos, mas a autoridade e calúnias do *Correio* deviam ser rechaçadas e patentes as intrigas dos Bercós, etc., e a paga que teve o caluniador em Pernambuco. [...] Permitisse o céu que voltássemos e lá o encontrássemos para lhe pagar com um pau os favores que lhe devemos; e, caso lá vá o infame, não haverá um mulatão que lhe tose o espinhaço?[38]

36 Ibidem, p. 45.

37 Ibidem, p. 46.

38 *Cartas andradinas: correspondência particular de José Bonifácio, Martim Francisco e Antônio Carlos, dirigida a A. de M. Vasconcellos de Drummond*. Rio de Janeiro: Tipografia de G. Leuzinger & Filhos, 1890, p. 23.

1
Antônio Carlos Ribeiro de Andrada Machado e Silva (1773-1845), irmão de José Bonifácio, formou-se em Direito pela Universidade de Coimbra. Foi juiz de fora, desembargador e político.

2
Graduado em Filosofia e Matemática pela Universidade de Coimbra, Martim Francisco Ribeiro de Andrada (1775-1844), também irmão de José Bonifácio, foi presidente da Câmara dos Deputados e primeiro ministro da Fazenda do Brasil.

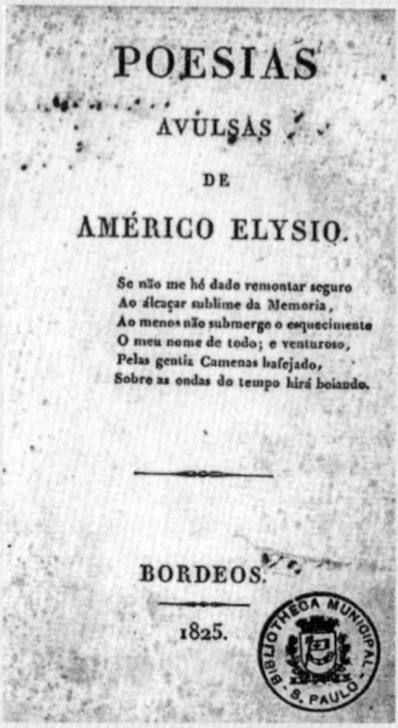

POESIAS

AVULSAS

DE

AMÉRICO ELYSIO.

Se não me hé dado remontar seguro
Ao álcaçar sublime da Memoria,
Ao menos não submerge o esquecimento
O meu nome de todo; e venturoso,
Pelas gentiz Camenas bafejado,
Sobre as ondas do tempo hirá boiando.

BORDEOS.

1825.

3
Fac-símile de *Poesias avulsas*, escrito por José Bonifácio em Bordeaux, em 1825, sob o pseudônimo de Américo Elysio.

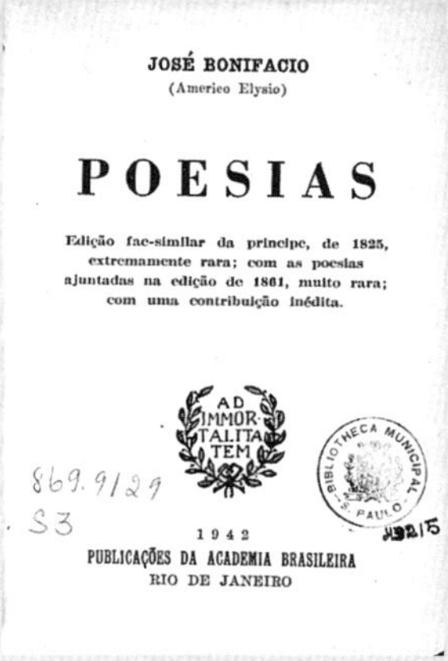

JOSÉ BONIFACIO
(Americo Elysio)

POESIAS

Edição fac-similar da principe, de 1825, extremamente rara; com as poesias ajuntadas na edição de 1861, muito rara; com uma contribuição inédita.

AD IMMORTALITATEM

1942
PUBLICAÇÕES DA ACADEMIA BRASILEIRA
RIO DE JANEIRO

4
Fac-símile da folha de rosto de *Poesias*, baseada na edição original de 1825, editada pela Academia Brasileira de Letras em 1942.

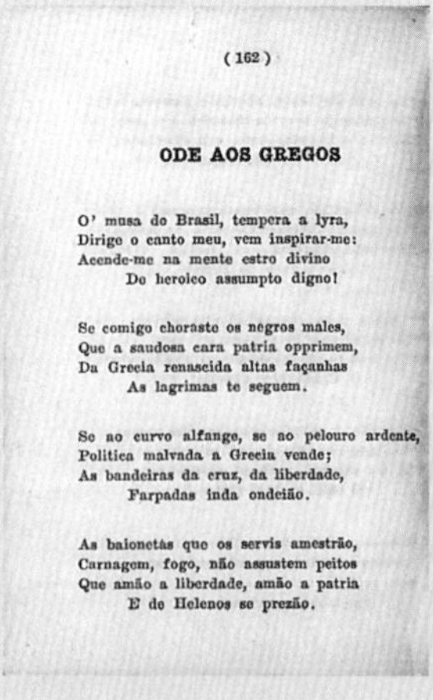

(162)

ODE AOS GREGOS

O' musa do Brasil, tempera a lyra,
Dirige o canto meu, vem inspirar-me:
Accende-me na mente estro divino
De heroico assumpto digno!

Se comigo choraste os negros males,
Que a saudosa cara patria opprimem,
Da Grecia renascida altas façanhas
As lagrimas te seguem.

Se ao curvo alfange, se ao pelouro ardente,
Politica malvada a Grecia vende;
As bandeiras da cruz, da liberdade,
Farpadas inda ondeião.

As baionetas que os servis amestrão,
Carnagem, fogo, não assustem peitos
Que amão a liberdade, amão a patria
E de Helenos se prezão.

5
Fac-símile de página do livro *Ode aos gregos*, escrito em Bordeaux em 1824.

6
Após sua abdicação, d. Pedro I (1798-1834) confiou a José Bonifácio a tutoria de seu primogênito, Pedro II: "Eu delego em tão patriótico cidadão a tutoria do meu querido filho, e espero que, educando-o naqueles sentimentos de honra e de patriotismo com que devem ser educados todos os Soberanos para serem dignos de reinar, ele venha um dia a fazer a fortuna do Brasil, de que me retiro saudoso".

7
Pedro II (1825-1891) tornou-se príncipe regente aos 5 anos e foi nomeado imperador aos 15 anos, em 1840. Governou até 1889, quando a República foi proclamada. Ele e a família foram exilados na Europa.

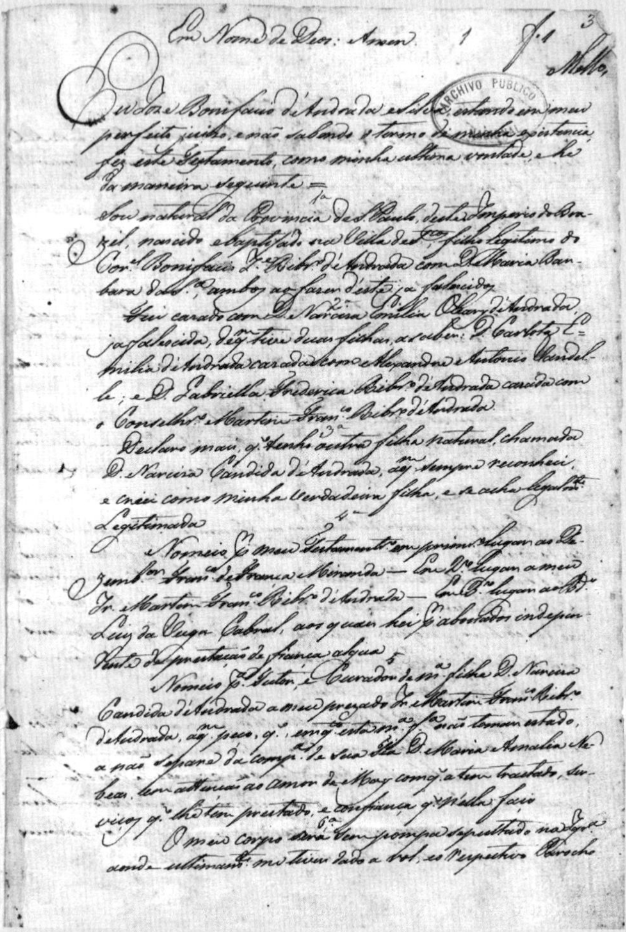

8
Página frontal do testamento de José Bonifácio, o qual foi lavrado em Paquetá (Rio de Janeiro, RJ), em 1834, quatro anos antes de sua morte.

9
Fascinado pela civilização helênica, José Bonifácio traduziu vários autores gregos, entre eles o poeta Hesíodo.

10
O teólogo e filósofo Santo Agostinho (354-430) foi um dos autores estudados nos anos de sua formação.

11
O duque de Lafões (d. João Carlos de Bragança; 1719-1806) foi quem promoveu a ida de José Bonifácio a Lisboa para estudar na Academia Real das Ciências.

12
O filósofo grego Aristóteles era um dos autores presentes nas leituras de José Bonifácio.

13
As obras do filósofo francês Voltaire (1694-1778) exerceram influência sobre seus escritos e ações.

14
Na França, foi discípulo de importantes homens das ciências, entre eles Antoine Lavoisier (1743-1794), considerado o pai da Química moderna.

15
Brasão da Academia das Ciências de Lisboa, da qual José Bonifácio foi secretário.

16
Em 1827, o Convento de São Francisco tornou-se a Faculdade de Direito de São Paulo.

17
Retrato de José Bonifácio de Andrada e Silva em litografia de S.A. Sisson.

18
A desenhista, escritora e historiadora britânica Maria Graham (1785-1842), que esteve no Brasil em três ocasiões, foi correspondente de José Bonifácio, a quem chamou de "homem de raro talento".

19
Por ser confidente da imperatriz Leopoldina, José Bonifácio tornou-se antagonista da marquesa de Santos, Domitila de Castro Canto e Melo, a favorita de d. Pedro I.

Considerava-se injustiçado e não reprimia sua indignação:

> Quando no Rio se me louva, em Paris se me calunia; estou no caso de Santo Agostinho: – *Laudatur ubi non est; cruciatur ubi est.** Não me admiro do novo ataque ao caráter político dos pobres Andradas, e só do elogio da minha *probidade política,* que não entendo; como igualmente de que fui deportado por me meter a defensor do Boticário Pamplona?[39]

Era crítico acerbo da politicalha praticada no Rio. Considerava-se homem público honesto e ético:

> Quem furta, e pode não servir à imperial Criança, faz muito bem; mas eu que não furtei, porque nunca tive jeito para tão honrado ofício, e demais só quero servir a Deus e a Nosso Senhor Jesus Cristo, não sei o que será de mim![40]

Nunca aceitou as represálias de que foi alvo por ser muito próximo ao primeiro imperador brasileiro:

> Essa gente está decerto louca ou bêbeda. Já me tarda a ida de meus irmãos para os ver esmagar tão vil canalha. Não tema nada, meu amigo, ou, isto é, entremesada pueril, ou vistas da Providência para algum bem futuro do país. Se ela se publicar com notas jurídicas e históricas em francês,[41] então verá o mundo

* Louvado onde não está; caluniado onde está. [NE]

39 Ibidem, p. 42.

40 Ibidem, p. 30.

41 Drummond incentivou Bonifácio a escrever contra os magistrados do Brasil. Este se recusa e promete continuar seus escritos: *Carta a João Mendes Carrapeta.* Quanto aos juízes, sua visão é singular: "... caso o merecessem estas lesmas, que esmagadas fedem como os percevejos, é preciso receber influxos apolíneos; porém bem sabe que o deus loiro é assaz escasso comigo de audiências".

> o que é o Brasil: – um vaso de contradições, despropósitos e infâmias. Esses patifes nos perseguem com ódio tão figadal que saltariam de prazer se pudessem inventar outro pecado mortal, além dos sete cristãos, para nos lançarem às costas.[42]

O certo é que isso faz parte da existência de quem opta pelo trabalho e pela participação, em lugar da omissão. Atribui-se a Voltaire (François-Marie Arouet) (**fig. 13**) a afirmação de que todo homem conspícuo em dignidade e saber tem infalivelmente êmulos e delatores, os quais aumentarão à proporção que lhe cresce a celebridade.

42 *Cartas andradinas,* p. 43.

UMA RELAÇÃO DELICADA

Pedro I reconhecia em José Bonifácio as qualidades de que não dispunha. Sensatez, coerência, racionalidade, determinação, pulso. Tanto que, no momento delicado em que abdicou, não hesitou em entregar a tutoria do futuro imperador ao amigo certo.

Vale a pena reconstituir sua carta e o decreto de nomeação:

> *Amicus certus in re incerta cernitur.**
>
> É chegada a ocasião de me dar mais uma prova de amizade, tomando conta da educação do meu muito amado e prezado filho, seu Imperador.
> Eu delego em tão patriótico cidadão a tutoria do meu querido filho, e espero que, educando-o naqueles sentimentos de honra e de patriotismo com que devem ser educados todos os Soberanos para serem dignos de reinar, ele venha um dia a fazer a fortuna do Brasil, de que me retiro saudoso.
> Eu espero que me faça este obséquio, acreditando que a não m'o fazer eu viverei sempre atormentado.
> Seu amigo constante
>
> Pedro.

O decreto de nomeação inclui toda a prole, não somente o garoto destinado a reinar por quase meio século em sua pátria:

> Tendo maduramente refletido sobre a posição política deste Império, conhecendo quanto se faz necessária a minha abdicação, e não desejando mais nada

* Conhece-se o amigo certo nas ocasiões incertas. [NE]

> neste mundo, senão gloria para Mim e felicidade para a Minha Pátria, hei por bem, usando do direito que a Constituição Me concede no Cap. 5, art. 130, nomear, como por este Meu Imperial Decreto nomeio, tutor de Meus amados e prezados filhos, ao muito probo, honrado e patriótico cidadão José Bonifácio de Andrada e Silva, meu verdadeiro amigo.
>
> Boa Vista, aos 6 de abril de 1831, décimo da Independência e do Império.
>
> Imperador Constitucional e Defensor Perpétuo do Brasil[43]

Conhecendo-se a podridão da política, o arrependimento de Pedro I é fato inóspito. Voltou atrás no momento fatal dos desenganos para reconhecer que José Bonifácio, acima das vicissitudes de governo, era – realmente – seu amigo. Enquanto isso, os inimigos eram os aduladores, aqueles aos quais prodigalizou honras e benesses imerecidas e que, em retribuição – como sói acontecer – laboraram na tarefa de edificar a ruína do príncipe.

Enquanto isso, "José Bonifácio não havia recebido do príncipe nem uma só mercê. Saiu do ministério como para ele havia entrado, não trazendo para si nada mais do que levou. A justo título o Brasil lhe conferiu o glorioso de *Patriarca da Independência,* e baixou à sepultura José Bonifácio como era e nada mais. Em sua vida, nunca se lhe abriram as portas do Senado, nem se lhe deu assento no Conselho de Estado. Por sua morte não se perpetuou em nenhum dos seus netos, por um título honorífico conferido pelo Poder, a memória do avô".[44]

O prêmio que Pedro I não se esqueceu de reservar a José Bonifácio foi o exílio, assim que dissolveu

43 A. de M.V. de Drummond, *op. cit.*, pp. 47-8.

44 Ibidem, p. 48.

a Assembleia Nacional Constituinte, em 1823.[45] Alguém cujo amigo íntimo considerava ter um coração incapaz de abrigar ódio contra alguém.[46] Seus sentimentos eram os mais nobres, como o comprovam seu comprometimento para com a causa da Independência e o entusiasmo com que assumiu a tarefa de coroar o primeiro Imperador do Brasil. "O prazer de José Bonifácio por ocasião da coroação do imperador não podia ser maior. Estava como um homem que tinha alcançado aquilo para o que toda a sua vida havia trabalhado. A exaltação, o entusiasmo de José Bonifácio eram patentes."[47]

Melancólico o relato do que veio a seguir.

> Passada a coroação, começou o imperador a sofrer desta moléstia que é o flagelo dos homens políticos protegidos pela fortuna e que acaba por dar cabo deles. À proporção que a moléstia crescia, o imperador se persuadia que era ele o autor de tudo o que se tinha feito. Persuadia-se que era um homem de gênio, a quem os acontecimentos se curvavam, porque eram produção sua. Chegou a ponto de dizer, por ocasião da saída de José Bonifácio do ministério: "Que o velho se vá com Deus, que eu já lhe tirei tudo o que ele sabia!".[48]

45 É justo reconhecer que Pedro I quis galardoar José Bonifácio, a quem pretendia outorgar a Grã-Cruz do Cruzeiro e também tentou converter em marquês, antes da trivialização na concessão dos títulos nobiliárquicos do Império tupiniquim. Ao recusar, José Bonifácio afirmou que tinha uma graça a pedir ao Soberano: a de que, após sua morte, se colocasse na sepultura uma pedra tosca, de inscrição que segue: "*Eu d'esta glória só fico contente/ Que à minha terra amei, e à minha gente...*". Compromisso aceito e que, ao que se sabe, nunca chegou a ser cumprido.

46 A. de M.V. de Drummond, *op. cit.*, p. 54.

47 Ibidem, p. 57.

48 Ibidem, p. 59.

A história faz justiça a José Bonifácio, como já o fizeram prestigiados historiadores. [Francisco Adolfo de] Varnhagen, de quem não se pode dizer tenha sido condescendente com os Andrada, o tipifica:

> O seu grande saber, o seu gênio intrépido, o seu caráter pertinaz, que quase chegava a raiar em defeito, contribuíram a fixar a volubilidade do príncipe. E o conhecimento especial, que a estada de tantos anos em Portugal lhe dera, desse país, dos seus recursos, do forte e do fraco dos seus habitantes, e especialmente dos que dirigiam a política em 1821 e 1822, a este respeito, principalmente, nenhum outro brasileiro de então lhe levava a palma. Cegava-o, por vezes, como a seus irmãos, o muito orgulho, a falta de prudência e o excesso de ambição, bem que acompanhada de muita instrução e natural bonomia, mas a sua vivacidade e o seu gênio entusiasta o levavam a falar demasiado e a ser de ordinário pouco discreto e pouco reservado como estadista.[49]

Paradoxalmente, o que sugeriria defeito converteu-se em atributo vantajoso para o que o Brasil precisava então: "Entretanto, cumpre confessar que parte dos seus defeitos na crise que atravessava o Brasil foram qualidades recomendáveis, conforme também sucedeu com respeito ao chefe de Estado, o príncipe regente e fundador do Império".[50]

Tão visionário era José Bonifácio que, muito antes do surgimento do pan-americanismo, da "América dos Americanos", de Monroe (1823), ele determinava aos agentes diplomáticos a criação de

49 Francisco Adolfo de Varnhagen, "História da Independência", *in Revista do Instituto Histórico e Geográfico do Brasil*, t. LXXIX, 1917, pp. 139-40.

50 Ibidem.

uma aliança ofensiva e defensiva, com o intuito de opor justa e firme repulsão contra as pretensões europeias. Por isso, Afrânio Peixoto o considera o precursor do americanismo defensivo.[51]

51 A. Peixoto, *op. cit.*, p. 60.

JOSÉ BONIFÁCIO POETA

Com o pseudônimo *Américo Elysio,* uma homenagem a Francisco Manuel do Nascimento, que se servia de *Filinto Elísio,* José Bonifácio editou, em Bordeaux, enquanto exilado, o volume *Poesias avulsas* (1825) (**fig. 3**).

Não manejava a rima e justificava: "... fui assaz parco em *rimas;* porque nossa língua, bem como a espanhola e a italiana, não precisa, absolutamente falando, do *zum-zum* das consoantes para fixar a atenção e deleitar o ouvido".[52] Foi também tradutor de Hesíodo (**fig. 9**), Píndaro e outros gregos. A fascinação pela civilização helênica o fez meticuloso estudioso de toda a sabedoria ali produzida. Sustentava a concreta existência da Atlântida. Félix Pacheco, um pesquisador andradiano, encontrou na Biblioteca Nacional, entre os papéis inéditos, anotações a respeito: "Muitos têm por fabulosa a ilha Atlântida de Platão; mas pode defender-se, com muita plausibilidade, a sua existência, ainda que concedamos que Platão largou as rédeas à sua imaginação poética".[53] Colacionou citações referentes à Atlântida em Homero, Hesíodo, Eurípedes, Dionísio de Halicarnasso, Estrabão, Plínio e outros, sempre com alusão ao rei Atlas, sábio astrônomo. Além disso, o nome *Atlântico* para o oceano que batiza é de origem remotíssima.

52 Alberto de Souza, *in* B.F. do Amaral, *op. cit.*, p. 174.

53 Félix Pacheco, *apud* Alberto de Souza, *Os Andradas,* terceiro volume, *Jornal do Commercio.* Rio de Janeiro, 03.03.1900, *in* B.F. do Amaral, *op. cit.*, p. 175.

Aceitava-se poeta: "Quando cá chegar, lerá uma composição poética minha, inteiramente amatória e no gosto elegíaco de Tibulo, que tem por título 'Amores da mocidade'. Quem me diria no Rio de Janeiro que eu também havia de tornar a ser Poeta, *bon gré, mal gré?*".[54]

Orgulhava-se de sua "Ode aos gregos" (**fig. 5**), cujos primeiros versos eram:

> Ó musa do Brasil, vem inspirar-me;
> Tempera a lira, o canto meu dirige;
> Acende-me na mente estro divino
> De heroico assunto digno.[55]

Tudo era motivo para que José Bonifácio poetasse. Chegou a compor um poema em oito cantos, verso solto, cujo tema era a dissolução da Assembleia Constituinte, sua prisão e deportação. Outra poesia política se chamava "O sonho", e os "Amores da mocidade" evocavam os anos risonhos de sua adolescência, nos quais o papel central é reservado ao amor:

> Satânico teria o férreo peito
> Quem amor não sentiu nos verdes anos,
> Só feitos para amar e ser amado.

54 *Cartas andradinas,* p. 19.

55 Ibidem, p. 34. Nesse poema deixa entrever a sua vocação abolicionista, já que o segundo verso aborda a escravatura: *Se comigo choraste os negros males/ Da escravidão, que a cara pátria avilta/ Da Grécia renascida altas façanhas/ As lágrimas te sequem.*

JOSÉ BONIFÁCIO PATRIOTA

A circunstância de ter permanecido trinta e seis anos fora do Brasil poderia sugerir que José Bonifácio tenha se tornado um "despaisado", um "errante" ou, ao menos, um "itinerante". Quase um apátrida, porque não era português e deixara o Brasil aos 20 anos.

Dir-se-á: sua gênese é lusa. De fato, "o sangue de José Bonifácio está na história de Portugal".[56] Ora, "uma monografia do 'sangue' de José Bonifácio ilustraria uma tese curiosa: que foi o melhor de Portugal que, por seu descendente americano, fez o Brasil independente...". Sua lusitanidade superaria a brasilidade?

Não é essa a melhor leitura. Nunca se esquecera do Brasil nem se desinteressou[57] da emancipação política de sua pátria de origem. "Paga sua dívida a Portugal, pensa em tornar, deixando o 'antigo, que o adotara por filho, para ir habitar – o novo Portugal, onde nascera'".[58]

Aconteceu com José Bonifácio o que sói ocorrer com os amantes de duas pátrias. Ambas podem alimentar a sensação de terem sido preteridas. Há uma oscilação entre o carinho e o desdém. Bonifácio experimentou isso em todas as fases de sua existência.

Logo depois de se mostrar competente e operoso em Portugal, consta que Martinho de Melo, então ministro de d. Maria I, aquiesceu rapidamente à proposta do duque de Lafões de que José Bonifácio

56 A. Peixoto, "Prefácio", *in* J.M.L. Coelho, *op. cit.*, p. 23.

57 Ibidem, pp. 25-6.

58 Ibidem, p. 35.

fosse estudar em Paris, tudo para mantê-lo distante do Brasil.[59]

Por outro lado, não foi fácil obter permissão para voltar ao Rio quando da solicitação, em 1818. Houve necessidade de intervenção direta do ministro Manoel Antonio de Vila Nova Portugal para que seu retorno se desse em 1819. Tal era seu prestígio que, ao chegar à pátria, d. João VI o convidou a ser ministro adjunto, cargo que seria criado especialmente para ele. Recusou-se e argumentou que o permitissem retirar-se para Santos, seu berço natal, onde queria morrer tranquilo. Isso porque se aproximava dos 60 anos, então considerados próprios a uma idade provecta.

Por volta de 1821, São Paulo era uma insignificância. Havia onze freguesias, incluídos Guarulhos, São Bernardo, Cotia e Juqueri, das quais a mais populosa era a Sé, com 1.055 "fogos" e 5 eleitores paroquiais. Compare-se com Bragança, que possuía 1.762 "fogos", e Taubaté, com 1.257. Sua única opulência era o conjunto de conventos e igrejas, únicos exemplares arquitetônicos da época: a sede da Companhia de Jesus, que depois foi a sede do governo, o Convento de São Francisco (**fig. 16**), que em 1827 abrigou a Faculdade de Direito.

A participação na vida pública reservou a José Bonifácio poder, força e glória. Mas também foi pródiga em infortúnios. Ele não pactuava com a política de cooptação perpetrada por Pedro I para obter folgada maioria parlamentar mediante ampla distribuição de títulos nobiliárquicos. Enquanto exilado em França, lamenta com Drummond: "Para o ano estarão guardados os títulos de *Duques* e *Príncipes*

59 B.F. do Amaral, *op. cit.*, p. 77.

do Império, que eu aconselharia que não se dessem sem concurso, para que os patifes pudessem mostrar autêntica e legalmente que os merecem, por serem os maiores alcoviteiros, ladrões e bandalhos, não só do *Grande Império dos Trópicos,* mas do universo inteiro; ao mesmo tempo, porém, conheço que seriam tantos os concorrentes e as provas tão volumosas, que para dar sentença seria preciso um século".[60]

Seu talento foi de tal dimensão que angariou prestígio e respeito nas duas pátrias: a de nascença e aquela em que pode perscrutar todo o mais apurado conhecimento disponível à época. Tornou-se secretário da Academia das Ciências de Lisboa e, no seu *Elogio* póstumo, Latino Coelho o reverencia "como um dos mais egrégios representantes da ciência portuguesa nos primeiros anos deste século" (o século XIX), mas também "como o ilustre secretário, a quem esta Academia deveu boa parte do seu brilho, como o enérgico estadista, que pela fundação do império brasileiro estreitou, em vez de os afrouxar, os vínculos morais de Portugal e do Brasil, agora em vez de senhorio e de vassalo, convertidos em dois povos independentes, mas irmãos".[61]

60 *Cartas andradinas*, p. 32.

61 J.M.L. Coelho, *op. cit.*, pp. 189-90.

RUSGAS COM A MARQUESA DE SANTOS

O folclore histórico realça a animosidade entre o poderoso ministro-chefe de Pedro I e Domitila de Castro (**fig. 19**), a favorita do imperador.

O certo é que a ligação do jovem monarca interferiu bastante no seu desempenho como chefe de Estado de nação neófita em independência.

Na condição de confidente da imperatriz Leopoldina, a maior pessoalmente prejudicada com a aventura do imperador, José Bonifácio foi antagonista de Domitila. Talvez para mostrar quem mandava, Pedro I fê-la viscondessa de Santos, exatamente a cidade de origem do Patriarca.

Em correspondência a Drummond, ele registra o golpe:

> Quem creia possível que, nas atuais circunstâncias do Brasil, havia a grã Pata pôr tantos ovos de uma vez, como 19 Viscondes e 22 Barões? Nunca o João pariu tanto na plenitude e segurança do seu poder autocrático. Quem sonharia que a michela Domitila seria Viscondessa da Pátria dos Andradas? Que insulto desmiolado! Quando esperaria o Futriqueiro Carneiro ser Barão, e os demais da mesma ralé? Ó meu bom Deus, porque me conservas a vida para ver o meu país enxovalhado a tal ponto![62]

José Bonifácio está convencido de que Domitila e sua família blindaram o imperador e seu sucessor. Ao es-

62 *Cartas andradinas,* p. 14, escrita em janeiro de 1826.

crever de Talance, em 09.02.1827, após criticar algumas atitudes do governo, acrescenta:

> E a Imperial criança vê isto e não faz das suas? Creio que está enfeitiçado pela mãe da Domitila, que em São Paulo passou sempre por bruxa.[63]

Atribui também à marquesa de Santos a morte precoce da imperatriz Leopoldina:

> A morte da Imperatriz me tem penalizado assaz. Pobre criatura! Se escapou ao veneno, sucumbiu aos desgostos; mas este sucesso deve trazer consequências ponderosas, não só para a Domitila, mas talvez para grande parte do Ministério.[64]

Circunstantes da intimidade da Corte ressaltam que José Bonifácio nunca aceitou o *affaire* entre o príncipe e Domitila.

> O desgosto de José Bonifácio crescia de dia em dia. Já não confiava no Imperador. Tinha razão de suspeitar que se tramava contra a Independência e que a união estava na mente do príncipe. A conduta deste com a tal mulher de São Paulo era um escândalo que o velho não podia tolerar. Logo que a confiança falta, todas as suspeitas tomam o caráter da verdade. As coisas estavam nesse ponto, quando o Imperador, ainda na cama, por empenhos da Domitila, que assim se chamava a tal mulher, falou a José Bonifácio para conceder anistia aos réus políticos de São Paulo e Rio de Janeiro.

63 Ibidem, p. 37.

64 Ibidem, p. 39.

José Bonifácio respondeu: "Ontem eu já esperei que V. M. me falasse nisso. Estou informado que é empenho da Domitila e que essa mulher recebe para isso uma soma de dinheiro". O imperador desviou essa tremenda acusação, fazendo ver que os homens eram inocentes; José Bonifácio replicou que os inocentes não queriam anistias; que os culpados precisavam delas, mas que nas circunstâncias atuais a conveniência e a política aconselhavam que o perdão fosse dado depois do julgamento".[65] Culminou por dizer que, sob suspeita de pagamento de propina, jamais daria seu nome para comparecer em negócio tão vergonhoso. O imperador se encolerizou e José Bonifácio pediu sua demissão do cargo. Era o dia 15.07.1823.

Imputava-se à futura marquesa de Santos uma importância sem igual no Império nascente. Para os contemporâneos, "a famosa Domitila, a Messalina da época, estava já na amplitude do seu poder, rodeada de vis e baixos cortesãos aduladores e imperando sobre o espírito do mal-avisado príncipe que se achava à testa dos destinos do Brasil. Por influência desta mulher tudo se fazia, e ela vendia os seus favores a quem os queria comprar por dinheiro".[66] Atribui-se-lhe, até, participação expressiva na dissolução da Assembleia Nacional Constituinte:

> A Domitila não foi pois estranha ao projeto da dissolução da Assembleia Constituinte; pelo contrário, era a representante assalariada dos chamados republicanos nessa conjuração. Estes levavam em vista, na dissolução da Constituinte, dois pontos essenciais: 1º

65 A. de M.V. de Drummond, *op. cit.*, p. 60.

66 Ibidem, p. 72.

> vingarem-se dos Andradas e seus amigos, os quais, com a dissolução, deviam ser banidos; e o 2º era aproveitar a ocasião de perturbação, que a dissolução devia causar em todo o Brasil, para expulsar dele o Imperador e fundar a República.[67]

Ao ser preso e deportado, logo após a dissolução da Assembleia Nacional Constituinte, José Bonifácio mandou recado ao imperador, dizendo ao general Moraes:

> Diga ao Imperador que eu estou com o coração magoado de dor, não por mim, que estou velho, e morrer hoje fuzilado ou amanhã de qualquer moléstia é coisa para mim bem indiferente; que é por seus filhos inocentes que eu choro hoje; que trate de salvar a coroa para eles, porque para si está perdida desde hoje; a sentença, o Imperador mesmo a lavrou e já não pode subtrair-se aos seus efeitos, porque se o castigo da Divindade é tardio, esse castigo nunca falta.[68]

O que se sabe é que Domitila exerceu papel fundamental na escolha de São Paulo para sediar uma das duas primeiras escolas de Direito do Brasil. O Parlamento salientava a pequenez do povoado, o seu linguajar pouco luso, a falta de cultura e de civilização como fatores impedientes da instalação de um germe de Universidade em Piratininga. Foi Domitila quem convenceu o imperador de que a São Francisco deveria ficar aqui.

67 Ibidem.

68 Ibidem, p. 84.

Desfeita a sua ligação com o imperador, foi personalidade de realce na sociedade paulistana. Mecenas e atuante, chegou a se casar com o brigadeiro Rafael Tobias de Aguiar.

O DESAFIO ÀS CORTES DE LISBOA

Mas como foi que tudo começou para se alcançar o momento propício à proclamação da Independência do Brasil?

Após o retorno de d. João VI, a Corte Portuguesa procurou reduzir a autoridade do príncipe regente, já pressentindo que a subordinação da colônia à metrópole pudesse naufragar. Afinal, não se propaga desde então que d. João VI, ao se despedir do filho, teria dito: "Meu filho: se verificar que o Brasil quer se libertar de Portugal, ponha a coroa sobre sua fronte, antes que um aventureiro lance mão dela!"?

A pressão veio num crescendo, sempre com a intenção de ratificar e intensificar a soberania que voltara a Lisboa, depois de transitoriamente residir no Brasil.

Dois decretos da Corte de Lisboa causaram indignação em São Paulo. O primeiro, a retirada do príncipe, e o segundo, o da eleição de novos governos provinciais.

A Junta Governativa Paulista, em 21.12.1821, deliberou representar a Sua Alteza Real, com o fito de suspender a execução dos dois decretos, até a chegada da deputação paulista à Corte. Treze dos quinze membros da Junta do Governo assinaram tal ata, à exceção do arcipreste Gomes Jardim e de Vergueiro, "muito pouco assíduo às sessões da Junta".[69] José Bonifácio esteve presente e assinou.

69 B.F. do Amaral, *op. cit.*, p. 123.

Vice-presidente da Junta Provincial Paulista, José Bonifácio aludiu aos interesses nacionais em jogo, se viessem a ser observados os decretos portugueses:

> Como agora esses deputados de Portugal, sem esperarem pelos do Brasil, ousam já legislar sobre os interesses mais sagrados de cada província e de um reino inteiro? Como ousam desmembrá-lo em porções desatadas, isoladas, sem lhes deixarem um centro comum de força e de união? Como ousam roubar a V.A.R. a lugar-tenência que seu augusto pai, nosso rei, lhe concedera?[70]

Em 22.12.1821, foi eleita a deputação: Martim Francisco e coronel Gama Lobo. Doze assinaturas, faltando a de José Bonifácio. No dia seguinte, 23.12.1821, a terceira sessão, extraordinária, com onze assinaturas, cuidou-se de matéria alheia aos dois decretos impugnados. Finalmente, em 24.12.1821, foram colhidas as treze assinaturas dos membros mais frequentes à Junta do Governo para a clássica Representação, em que se conclamava o príncipe dom Pedro a permanecer no Brasil.

Cientificou-se a Junta Provisória de Vila Rica, em Minas, do teor da Representação, assim como os deputados às Cortes, que funcionavam em Lisboa. Tudo conspirava em favor do Brasil.

As cartas de Pedro I ao pai constituem o melhor testemunho da influência de José Bonifácio no episódio que resultou no "Fico":

70 J.M.L. Coelho, *op. cit.*, pp. 38-9.

> Em São Paulo houve concussão para juramento das bases da Constituição e formaram uma Junta Provisória, obedecendo-me menos no que toca a mandar dinheiro, e querem para a Junta as mesmas autoridades, que tinha o Governador, que ficou Presidente, e Vice-Presidente José Bonifácio de Andrada e Silva, a quem se deve o sossego hoje de São Paulo.[71]

O regente estava consciente de que a independência estava a caminho e era irreversível. Assim, narra ao pai que recebeu uma fala muito respeitosa do Senado, cuja síntese era: "Que logo que desamparasse o Brasil, ele se tornaria independente, e ficando eu, ele persistiria unido a Portugal. Eu respondi o seguinte: 'Como é para o bem de todos, e felicidade geral da Nação, estou pronto: diga ao povo que fico'".[72]

O pai não ignorava os riscos de um desligamento traumático da grande colônia de sua pequena metrópole. Tanto que recomendava ao regente: "Sê hábil e prudente, pois aqui nas Cortes conspiram contra ti, querendo os reacionários que abdiques em favor de teu irmão Miguel. Tua mãe é pelo Miguel e eu, que te quero, nada posso fazer contra os carbonários que não te querem".[73]

Do "Fico" ao 7 de setembro, o clima foi se tornando cada dia mais favorável à ruptura dos laços entre Portugal e Brasil. Não se esqueça do preponderante empenho da imperatriz Leopoldina. Um dia antes do "Fico", ela escrevia: "O príncipe está decidido, mas não tanto quanto eu desejaria... Muito me tem custado alcançar tudo isto – só desejaria insuflar uma de-

71 Ibidem, p. 41. Carta de 17.07.1821.

72 Ibidem, p. 43. Carta do príncipe Pedro ao rei d. João, seu pai, em 09.01.1822.

73 Ibidem, pp. 43-4. Citando T. Monteiro, p. 427.

cisão mais firme".[74] Tudo estava pronto para quando setembro chegasse.

A essa altura, Pedro I estava em São Paulo, para onde partira em 14.08.1822, com o intuito de encerrar distúrbios atribuídos a José da Costa Carvalho. Na Corte, José Bonifácio recebia notícias de Lisboa e, indignado, entendia ser hora de proclamar a Independência. O ponto de maturação alcançara seu ápice. O príncipe já sentira em Minas o ardor pela soberania brasílica. José Bonifácio encarnava, nessa hora, o sentimento e a vontade do povo. Tanto que encaminhou manifesto ao corpo diplomático: "Tendo o Brasil, que se considera tão livre, como o reino de Portugal, sacudido o jugo da sujeição e inferioridade com que o reino irmão o pretendia escravizar, e passando a proclamar, solenemente, a sua independência...".[75] Só faltava um ato simbólico, espetacular, que solenizasse a proclamação.

Talvez também animasse José Bonifácio a circunstância de o Brasil se tornar independente em sua província: São Paulo. O fato é que o Conselho decidiu que não podia tardar a proclamação da Independência.

> E enquanto o conselho trabalhava, já Paulo Bregaro estava na varanda pronto a partir em toda a diligência para levar os despachos ao príncipe regente. José Bonifácio, ao sair, lhe disse: "Se não arrebentar uma dúzia de cavalos no caminho nunca mais será correio: veja o que faz". Não sei se Bregaro arrebentou muitos cavalos, o que sei é que ele deu boa conta de sua comissão, e que fez a viagem em menos tempo do que até então se fazia muito à pressa.[76]

74 Ibidem, p. 44. Carta da imperatriz Leopoldina de 08.01.1822.

75 A. Peixoto, "Prefácio", *in* J.M.L. Coelho, *op. cit.*

76 A. de M.V. de Drummond, *op. cit.*, p. 40.

O restante é de notório conhecimento. Pedro I proclamou a Independência porque já estava decidido a fazê-lo. Não foram as cartas de Portugal que motivaram o gesto. Elas constituíram o pretexto para a simbólica ordem de "laços fora". Era irretratável a Independência do Brasil. O príncipe voltou em seguida para o Rio e, apenas vinte e sete dias depois, era coroado e aclamado como Imperador, Protetor e Defensor Perpétuo do Brasil.

VIDA DOMÉSTICA

É frequente não se conceder à família de uma celebridade a mesma atenção devotada ao foco principal. Assim é que não existe material suficiente para uma devassa na vida doméstica de José Bonifácio.

Sabe-se que se casou com Narcisa Emília O'Leary, de origem irlandesa, e com ela teve três filhas. Sobre o casamento, observa Mary del Priore:

> Contrariamente aos matrimônios da época, realizados dentro da igualha e depois do exame acurado da situação econômica dos nubentes, a esposa escolhida foi uma jovem irlandesa, Narcisa Emília O'Leary. Morava com sua tia, d. Isabel O'Leary, e devia andar pelos 20 anos. O noivo tinha 26. A cerimônia se realizou a 31 de janeiro de 1790, no oratório da residência do bispo de Mariana, freguesia de Nossa Senhora da Lapa, em Lisboa.[77]

Segundo a historiadora, não se encontrou registro do matrimônio, cuja certidão nunca foi localizada.

Sua primeira filha, Carlota Emília, nasceu nove meses depois do casamento. Aos 43 anos, foi pai de Gabriela Frederica, "que é muito linda e boa".[78] Não deve ter sido fácil a vida de d. Narcisa, com o marido sempre a viajar. "Em 1814, certamente preocupada com sua morbidez e bile, d. Narcisa lhe escrevia: 'Meu querido Andrada, porque não voltas quanto antes para tua casa, para o seio de tua família que tanto e tanto o deseja?'." Ou "indizível o prazer e a conso-

77 M. del Priore, *op. cit.*, p. 53.

78 Ibidem, p. 93.

lação que nos dão as tuas cartas, os progressos dos teus alívios e a esperança de em breve te vermos restituído ao seio da tua família e aos cuidados e desvelos de tua mulher e filhas que tanto te amam".[79]

Muito discreto quanto à vida íntima, raras eram as expressões de emoção advindas de vicissitudes comuns a todos os humanos. Em 26.12.1826, em correspondência a Drummond, noticia a morte de sua neta:

> Antes de responder às suas duas de 28 de novembro e 4 do corrente, tenho que dar a V.Sa. e aos mais amigos e Senhores muito boas festas; eu não as tive boas, porque tive o desgosto de que a minha netinha recém-nascida morresse de sarampo, só com vinte dias de vida; mas como fica o rapaz, e a fábrica pode produzir ainda por longos anos, vou-me consolando.[80]

O próprio José Bonifácio sugere ter uma filha fora do casamento. É o que se deduz da missiva escrita em Talance, a 18.04.1827, sempre como destinatário o amigo Drummond. Nota-se num *postscriptum,* com a anotação "Reservado", a inserção do que segue:

> Queira mandar entregar esta a Mme. Delaunay, e procure ver com atenção a uma senhora, que foi com ela visitá-lo, cuja idade é de 34 anos, e se chama Elisa. Veja se tem feições que se pareçam com as minhas, ou com as de minha família; mas tudo isto deve ser com toda a dissimulação e melindre. Ofereça da minha parte a Mme. Delaunay 100 francos, que de tudo será embolsado quando cá chegar. Responda logo.[81]

79 Ibidem, p. 115.

80 *Cartas andradinas,* p. 31.

81 Ibidem, p. 41.

Não foi essa aquela que reconheceu e contemplou no seu testamento. Chamava-se Narcisa Cândida. Era "uma bastarda, 'filha de mama', ou seja, bebê fruto de uma aventura. A pequena veio como rebento do casal de empregados e recebeu o nome da esposa enganada".[82]

82 M. del Priore, *op. cit.*, p. 138.

MUITAS VIDAS EM UMA SÓ

A vida de José Bonifácio de Andrada e Silva tem uma interminável cornucópia de acontecimentos. Brasil até os 20 anos, entre Santos, São Paulo, Santa Catarina e as Minas Gerais. Depois, Portugal, no incessante aprendizado de várias ciências, as viagens por toda a Europa, o preparo de suas competências para mudar a História do Brasil, para onde retorna já mundialmente consagrado.

A proximidade com Pedro I, sua maior influência até a dissolução da Assembleia Nacional Constituinte, quando é preso e exilado em Portugal. O Brasil precisa dele e ele volta. Continua a auxiliar sua pátria, agora como tutor de Pedro II (**fig. 7**).

Enfrenta hostilidades, cumuladas com a decadência física. Despojado do poder, vai para Paquetá, onde leva vida solitária até sua morte.

Muitos foram os brasileiros e estrangeiros que se debruçaram sobre essa exuberante existência. Seu confidente, Antonio de Meneses Vasconcellos de Drummond, observa que

> [...] andam por aí algumas biografias de José Bonifácio, e todas pecam por inexatas. Não falo da que escreveu o Sr. João Manuel Pereira da Silva nos seus *Homens ilustres*, porque essa é um tecido de falsas apreciações, de calúnias e desaforos políticos, que só merecem o mais profundo desprezo. A que eu escrevi em 1826 e foi corrigida pelo próprio Sr. José Bonifácio é a única exata até aquela época. De então até o dia do seu falecimento, uma boa página se lhe poderia ajuntar.[83]

83 A. de M.V. de Drummond, *op. cit.*, p. 110.

Execrado? Injustiçado? Ele se sentiu assim.

Todavia, não falta quem o exalte. Oberacker Jr. o considera uma grandeza superior à de Simón Bolívar ou San Martín.[84] Isso porque foi ele o artífice da unificação do Brasil. Durante longo período, Brasil era apenas denominação geográfica, porque, na verdade, existiam nove colônias. A colonização do Brasil foi multiportas, que foram abertas ou arrombadas em diversas épocas. Oberacker viu concretizar-se "a visão de José Bonifácio acerca de um império de dimensões continentais", algo que seria impensável à época, principalmente considerada a experiência vizinha das inúmeras colônias espanholas, convertidas em repúblicas de permanente animosidade entre si. Por isso é que José Bonifácio se destaca "entre as maiores figuras da História pátria, já que o Brasil lhe deve a sua existência como Estado. Era ele o único entre os políticos do País que tinha de antemão a fantástica visão de um imenso império sul-americano e que perseguia este objetivo, por assim dizer, com fanatismo".[85]

O certo é que muito se escreveu e ainda se escreve e se continuará a escrever sobre José Bonifácio de Andrada e Silva. Ainda em vida, chamaram-no o "Patriarca da Independência".

> É exato que a paixão política, a inveja, a ingratidão procuraram negar, e até desviar para outros, essa glória, indisputável; é deplorável que, ainda quando o repitam, não se exponha, devidamente, à evidência, a razão dele, o que só fazem os fatos. Se, além deles, dos fatos, fosse necessário a confirmação de um testemunho, chamaríamos a depor o único que vale,

84 Carlos H. Oberacker Jr., *A visão fantástica de José Bonifácio de Andrada e Silva, in Humboldt*, vol. 50, 1985, p. 66.

85 Ibidem, p. 80.

> o do príncipe fundador do império e da nacionalidade, que dele disse: "ser aquele, que me ajudou, na luta da independência, em que nenhum os que hoje atroam os céus e a terra com urros tomou parte ativa em favor, e muitos contra".[86]

Também o visconde de Cairu, José da Silva Lisboa, sobre ele escreveu, quase sob a forma de epitáfio: "O Patriarca da Independência da Terra de Santa Cruz, o conselheiro José Bonifácio de Andrada, para quem a História imparcial resguardará o título de "Salvador do Brasil", pelos seus conselhos a dom Pedro I, fundador do império constitucional da América".[87]

Está reconhecida a dívida nacional. Diz Afrânio Peixoto

> [...] que uma estátua não paga, concedida a tantos que não as merecem, no anonimato das praças públicas, mas que, pelos usos, amortizam a gratidão e o reconhecimento das gerações... O que sofreu, para isso, e por isso, é o quinhão inevitável que cabe aos benfeitores da Humanidade, a quem os seus semelhantes e contemporâneos nunca perdoam a benemerência, recompensados, mais tarde, os felizes, pelo arrependimento dos vindouros... É sempre assim... Sem isso, não seria completa a glória de José Bonifácio.[88]

Personalidade singularíssima, mereceu José Bonifácio de Andrada e Silva "todas as fortunas que lisonjeiam a ambição, todas as contradições com que se fortalece

86 A. Peixoto, "Prefácio", *in* J.M.L. Coelho, *op. cit.*, p. 64.

87 José da Silva Lisboa, *in Diário do Rio de Janeiro,* 18.03.1835, citado por A. Peixoto, "Prefácio", *in* J.M.L. Coelho, *op. cit.*, pp. 64-5.

88 A. Peixoto, "Prefácio", *in* J.M.L. Coelho, *op. cit.*, p. 65.

o desengano. Teve a idolatria das multidões e a perseguição dos inimigos; o favor das coroas, e a ingratidão dos potentados; a estátua e o exílio".[89]

89 J.M.L. Coelho, *op. cit.*, p. 189.

O TESTAMENTO DO PATRIARCA

No mesmo dia em que faleceu em Niterói – 06.04.1838 – o testamenteiro, desembargador Francisco de França Miranda, apresentou ao escrivão interino da Provedoria da cidade o testamento elaborado por José Bonifácio (**fig. 8**).

Como era comum à época, o testamento começa com a fórmula "Em nome de Deus: amém!".

Invoca a sua sanidade física e mental, menciona os pais e a esposa já falecida, com quem teve duas filhas: Carlota Emília de Andrada, casada com Alexandre Antonio Vandelli, e Gabriela Frederica Ribeiro de Andrada, casada com o conselheiro Martim Francisco Ribeiro de Andrada.

Admite a filha natural, Narcisa Cândida de Andrada, "a quem sempre reconheci e criei como minha verdadeira filha; e se acha legalmente legitimada".[90] Confia a seu irmão Martim Francisco a tutela de sua filha natural, "a quem peço que, enquanto esta minha filha não tomar estado, a não separe de sua tia d. Maria Amália Nébias, em atenção ao amor de mãe com que a tem tratado, serviços que lhe tem prestado, e confiança que nela faço".

Dispõe que seu "corpo será, sem pompa, sepultado na igreja onde igualmente me tiver dado rol e o

90 Alfredo Gomes, "O testamento de José Bonifácio precedido de algumas considerações sobre sua vida", *in Polianteia: consagrada à vida e obra de José Bonifácio de Andrada e Silva, no bicentenário de seu nascimento,* São Paulo: Instituto Histórico e Geográfico de São Paulo, 1963, pp. 22-4. Todas as citações, entre aspas, concernentes ao testamento, são extraídas dessa fonte.

respectivo pároco dirá uma missa de corpo presente por minha alma".

Menciona as propriedades: uma fazenda em São Paulo, distrito de Parnaíba, destinada à criação de gado, de nome Monserrate. Em Santos, uma porção de terras chamada Outeirinhos. Em Piracicaba, parte no engenho de açúcar, administrado por Martim Francisco. Em Paquetá, uma pequena chácara com casas e benfeitorias, onde se encontra sua biblioteca – mais ou menos 6 mil volumes – e manuscritos. Sua coleção mineralógica encontra-se em casa do tenente-coronel José Joaquim dos Santos, para a qual, e em aquisição de livros, "empreguei quase a minha tal ou qual fortuna".

Arrola as pouquíssimas joias de sua mulher, menciona os créditos em poder de Antonio Luis Fernandes Pinto e sua dívida para com Luís de Meneses Vasconcellos de Drummond, de cerca de quatro contos e duzentos mil e novecentos réis. Foram vários ingressos em pecúnia e o pagamento de sua passagem da França para o Brasil e todas as despesas do funeral de sua mulher. Por haver adiantado recursos à filha Carlota Emília, pede que eles sejam trazidos à colação e torna universal herdeira de sua terça a filha Narcisa Cândida.

Interessante o haver deixado os seus "serviços" "(se Sua Majestade Imperial os julgar dignos de alguma remuneração) a José Maximiniano Batista Machado, na condição de se verificar o casamento com a dita minha filha D. Narcisa Cândida de Andrada, por este m'a ter pedido para esposa e eu o julgar muito capaz; porém, no caso por algum incidente se não verifique com ele o dito casamento, passarão à pessoa que com ela casar com aprovação do tutor".

O testamento foi lavrado em Paquetá, em 09.09.1834, assinado por ele, testador, mais cinco testemunhas.

O documento é a maior demonstração da pobreza de José Bonifácio. Sempre lutou com dificuldades financeiras. A propósito, em sua biografia escrita pelo amigo íntimo Antonio de Meneses Vasconcellos de Drummond consta episódio eloquente. Durante a Regência, os ministros reduziram os seus ordenados à metade, comparados com os do tempo de d. João VI. José Bonifácio recebia 400 mil réis em bilhetes do Banco. Guardou-os no chapéu e foi ao teatro, onde lhe furtaram ambos. Era primeiro-ministro do Império do Brasil e não tinha dinheiro para comer.

Naquele dia, quem pagou as despesas foi o sobrinho Belchior Fernandes Pinheiro, que também o acompanhou durante o exílio na França.

Comentou o fato na reunião do Conselho, e o imperador resolveu pagar outro ordenado a Bonifácio. Encontrou resistência do ministro da Fazenda, Martim Francisco. Este disse ao imperador que não havia lei que obrigasse o Estado a se responsabilizar pelos descuidos dos empregados públicos. O ano tinha para todos doze meses, não treze. Propôs-se a repartir seu salário com o irmão e viver frugalmente naquele mês. Isso era melhor do que dar ao país "o funesto exemplo de se pagar ao ministro duas vezes o ordenado de um só mês".[91]

A inefável Cecília Meireles observou que o "muito probo e honrado" cidadão, qualificativo utilizado por Pedro I ao atribuir-lhe a tutoria de Pedro II, con-

91 A. Gomes, *op. cit.*, p. 25.

trastava a opulência da cultura com a parcimônia de recursos materiais.

> Na verdade, desde a juventude até o fim da vida, a clara inteligência do grande Andrada focalizara problemas brasileiros de imensa profundidade: a educação dos índios, a abolição do tráfico e da escravatura; a divulgação da cultura por meio de bibliotecas e tipografias; a reforma agrária; a preservação das matas e renovação das florestas; a reforma dos hábitos brasileiros de vestuário, higiene e alimentação; a fundação de uma cidade central, para capital, de onde partissem vias de comunicação para todas as regiões do país; a abertura de estradas e canais; a multiplicação de escolas e a educação física dos jovens; a criação da marinha de guerra e de um poder judiciário imparcial.[92]

São questões recorrentes, e o Brasil de 2020, do século XXI, longe está de solucioná-las. Não obstante, há mais de duzentos anos, José Bonifácio sonhava com um Brasil diferente. Como salientou Gilberto Freyre, ele, "que talvez tenha sido o maior brasileiro de todos os tempos pelo que nele foi combinação de ciência com humanismo e de humanismo com ação política – ação política construtiva e animada de sentido social – é uma das vítimas do atual desdém dos brasileiros por valores nacionais que não sejam produtos de novas, vigorosas e triunfantes indústrias do país; nem correspondam a interesses apenas imediatos do desenvolvimento nacional".[93]

92 Cecília Meireles, "O muito probo, honrado e patriótico cidadão José Bonifácio de Andrada e Silva", *in Polianteia*, *op. cit.*, p. 45.

93 Gilberto Freyre, "A propósito de José Bonifácio", *in Polianteia*, *op. cit.*, pp. 73-4.

Com ressalva à menção da indústria, no Brasil há décadas sucateada e inapta para suportar o impacto da Quarta Revolução Industrial, o raciocínio continua válido. Para concluir com Freyre: "Nunca foi mais necessário ao Brasil e à América do que nos dias difíceis que atravessamos o culto a José Bonifácio".[94]

94 Ibidem, p. 74.

EXCERTOS DA OBRA DE JOSÉ BONIFÁCIO

AMBIENTALISTA PIONEIRO

Se os canais de rega e navegação aviventam a lavoura e o comércio, não pode havê-los sem rios, não pode haver rios sem fontes, não há fontes sem chuva e orvalhos, não há chuvas e orvalhos sem umidade, e não há umidade sem matas... De mais, sem umidade não há prados, sem prados poucos gados, e sem gados nenhuma agricultura, pois tudo está ligado à grande cadeia do Universo.

Como, pois, se atreve o homem a destruir, em um momento e sem reflexão, a obra que a natureza formou em séculos, dirigida pelo melhor conselho? Quem o autorizou para renunciar a tantos e tão importantes benefícios? A ignorância, sem dúvida. Destruir matas virgens, nas quais a natureza nos ofertou com mão pródiga as melhores e mais preciosas madeiras do mundo, além de muitos outros frutos dignos de particular estimação, é extravagância insofrível, crime horrendo e grande insulto feito à mesma natureza. Que defesa produziremos no Tribunal da Razão, quando nossos netos nos acusarem de fatos tão culposos?

In "Memória sobre a necessidade e utilidade de plantio de novos bosques em Portugal"

AMOR À POESIA E À GRÉCIA

[...] a solidão do campo me tem trazido de novo a mania antiga de poeta, com que espanco lembranças aflitivas, que de quando em quando me assaltam. Traduzi a 1ª *Écloga* de Virgílio, e estou com a 2ª entre mãos; também me abalancei ao trabalho hercúleo de traduzir a Ode das *Olímpicas* de Píndaro, apesar das falhas e mazelas da língua portuguesa, e estou com a 1ª das *Pyticas* do mesmo autor. Quero que os nossos compositores de Odes pseudopindáricas leiam o que são as Odes verdadeiras de Píndaro. Tenho feito muitas outras coisinhas, como Odes sáficas e anacreônticas; tenho revisto as minhas antigas composições que destino para a impressão; e por fim, no mês passado, escrevi uma longa carta em verso a um sonhado amigo do Rio, que não me desagrada pelos rasgos de poesia e filosofia que encerra, e pela pintura da nossa viagem deportatória. Logo que a tiver copiado em limpo, lhes enviarei com a promessa porém antecedente, de que não há de sair das suas mãos por ora, pois assim me convém.

In "Carta a Antonio de Meneses Vasconcellos de Drummond e José Joaquim Rocha", Cauderan, 23.10.1824

HOMEM DE LETRAS

Cada vez mais me persuado que não nasci senão para homem de letras... No retiro do campo terei tempo... de dar a última demão à redação das minhas longas viagens pela Europa, aos meus compêndios de Metalurgia e de Mineralogia e vários opúsculos e memórias... Se não servirem ao Brasil, como creio, servirão talvez para os doutos da Europa, que conheço e me conhecem. E que maior consolação pode ter um amante das ciências e boas artes, que comunicar suas ideias e pensamentos a quem pode entendê-los e aproveitá-los? É um prazer puro da alma espalhar pelo mundo o fruto dos seus estudos e meditações ainda sem outra remuneração que a consciência de fazer bem. O sábio despreza as sátiras e ingratidões de ânimos vis, que não podem deixar de reputar-se, queiram ou não queiram, muito inferiores aos homens de virtude e de saber.

In Tamoio, seu jornal de oposição, em 02.09.1822

VISÃO UNIVERSALISTA

Talvez pareça aos espíritos acanhados que a adoção do sistema métrico decimal para base das novas medidas ofende de algum modo o pundonor nacional: porém reflitam que o verdadeiro e o útil não têm pátria, pertencem a todas as nações, pertencem ao Universo inteiro. Seria capricho pueril não adotar o que há de bom entre os inimigos, só porque eles dizem que é seu. Que seria da república das letras, se os ódios e guerras das nações houvessem de invadir os domínios pacíficos da verdade e das ciências úteis!

In Memórias da Academia Real das Ciências de Lisboa, t. III, pp. 2, 56-7, sessão de 24.06.1813

GRATIDÃO À BAHIA

Quem diria, Senhor Presidente, que eu, velho e cansado, teria ainda a satisfação de entrar neste recinto e de assentar-me neste mesmo banco, onde fora preso e deportado, sem crime algum, quando colaborava para a fatura da Constituição que o Brasil só tinha o direito de fazer! Velho e cansado, eu teria bastante motivo para me escusar da honra que se não quis fazer, se não fosse também movido pela gratidão para com a briosa província da Bahia, que duas vezes lutou contra as cabalas promovidas a impedir que eu pudesse aqui levantar a voz a prol da pátria. Foi esta a única consolação que me deu novas forças capazes de desenferrujar o próprio espírito acabrunhado de tantas calúnias e perseguições...

In "Discurso de retorno à Câmara dos Deputados, 23.06.1831", *in Anais do Parlamento Brasileiro, Câmara dos Deputados,* 2º ano da 2ª legislatura, tomo I, Rio de Janeiro, 1878, p. 175

O FUTURO DO BRASIL

E que país esse, senhores, para uma nova civilização e para novo assento da ciência! Que terra para um grande e vasto império! [...] Seu assento central quase no meio do globo; defronte e à porta com a África, que deve senhorear, com a Ásia à direita, e com a Europa à esquerda, qual outra nação se lhe pode igualar? Riquíssimo nos três reinos da natureza, com o andar dos tempos nenhum outro país poderá correr parelhas com a nova Lusitânia.

Consideremo-la agora pelo lado político [...] de que mercês precisa? Fomentar e não empecer: basta-lhe a segurança pessoal e a liberdade sóbria de imprensa, de que já goza; e uma nova educação física e moral: o mais pertence à natureza e ao tempo. Estas e outras mil bênçãos já vai recebendo, e receberá cada vez mais este recente Império, pois teve a ventura de haver sido fundado pela sabedoria e magnanimidade do nosso incomparável Soberano, cujo nome, só por isso, passará à mais remota posteridade; pois a fundação da Monarquia Brasílica fará uma época na História futura do Universo.

In "Discurso Histórico na Academia das Ciências de Lisboa", da qual era secretário desde 1812, quando de sua despedida para voltar ao Brasil em 1819

ACÚMULO DE FUNÇÕES

Nunca tive medo ao trabalho e de boamente sacrifico o meu repouso e saúde ao bem da minha pátria, quando vejo que as fadigas e trabalhos lhe podem ser úteis. Desejaria promover seriamente tais estudos, que tão atrasados vejo nesta universidade; mas quando reflito no péssimo estado em que de propósito conservam a minha faculdade, não posso deixar de lamentar amargamente o meu tempo perdido, e os danos do serviço público pela minha inútil assistência nesta universidade. Muitas vezes me tem lembrado pedir a minha demissão de lente, para poder melhor empregar-me em coisas mais úteis, porém não posso por ora escusar o dinheiro que recebo do cofre desta universidade.

> *In* "Carta autógrafa, encaminhada ao superior hierárquico, pertencente a Figanière, sócio correspondente da Academia de Lisboa e reproduzida por Latino Coelho", *in Elogio,* p. 229

OBRAS
DE JOSÉ BONIFÁCIO

A ode aos bahianos. Introdução e notas Afrânio Peixoto. Bahia: Imprensa Oficial do Estado, 1926.

"Amérique meridionale. Voyage minéralogique dans la Province de Saint-Paul au Brésil." Extraída do *Journal des Voyages,* 1827, 1 vol., in-8º, e reproduzida no *Bulletin des Sciences Naturelles,* 1829.

Apontamentos para a civilização dos índios bravos do Império do Brasil. Rio de Janeiro, 1823, 12 p., in-fl.

"Carta ao engenheiro Veyer, inspetor das minas de Schneeberg, apresentando os caracteres distintos de doze novos minerais que descobriu na Suécia e Noruega", publicada em alemão, francês e inglês.

"Discurso histórico recitado na sessão pública de 24 de junho de 1818", *Memórias da Academia,* 1819, pp. I a XXV.

"Elogio acadêmico de d. Maria I, pronunciado em sessão pública da Academia Real das Ciências de Lisboa a 20.03.1817." Rio de Janeiro, 1839, 58 p., in-8º. Outra edição em 1857, 79 p., traduzido em francês.

"Experiências químicas sobre a quina do Rio de Janeiro comparada com outras." *Memórias de Matemática e Física da Academia Real das Ciências de Lisboa,* t. III, parte II, 1814.

"Geologia elementar, aplicada à agricultura e indústria por N. Bombée." Traduzida da 4ª ed., Rio de Janeiro, 1846, 217 p., in-4º com estampas. Como apenso a *Diário de uma viagem mineralógica pela Província de São Paulo no ano de 1805, por José Bonifácio e Martim Francisco.*

"Memória mineralógica sobre o distrito metalífero entre os rios Alva e Zêzere", lida em 1816, *Memórias Econômicas da Academia Real das Ciências de Lisboa,* t. V. Lisboa, 1816.

"Memória sobre a necessidade e utilidade do plantio de novos bosques em Portugal - Principalmente de pinhais nos areais da beira-mar; seu método de sementeira, costeamento e administração." Publicação da Academia Real das Ciências de Lisboa, 1815, 2ª edição, com notícia histórica de Pedro Calmon, Rio de Janeiro, 1925.

"Memória sobre a nova mina de ouro da outra banda do Tejo chamada Príncipe Regente", lida em 10.05.1815. *Memórias Econômicas da Academia Real das Ciências de Lisboa,* t. V.

"Memória sobre a pesca das baleias, e extração do seu azeite, com algumas reflexões a respeito das nossas pescarias", *Memórias da Academia Real das Ciências de Lisboa*, t. II, 1790, pp. 388-402.

"Memória sobre as minas de carvão de pedra de Portugal", no *Patriota*, Rio de Janeiro, 1813, e no *Investigador Português*, Lisboa, 1814.

"Memória sobre as pesquisas e lavras dos veios de chumbo de Chacim, Souto, Ventozello e Vilar de Rei na Província de Trás-os-Montes", *Memórias da Academia Real das Ciências de Lisboa*, 1818.

"Memória sobre o fluido elétrico", *Anais de Química*, 1812.

"Memória sobre os diamantes do Brasil", lida na Sociedade de História Natural de Paris, *Anais de Química*, de Fourcroy, 1790.

"Memória: há terrenos que pelo arado não dão fruto, mas sendo cavados com o picão sustentam mais do que se fossem férteis", no *Patriota*, 1813.

"Memórias sobre as preciosas minas de Salha", em alemão, no *Jornal de Minas de Freiberg*.

Poesias avulsas. Escrito sob o pseudônimo Américo Elysio, Bordeaux, 1825, 151 p., in-32. Houve 2ª edição, aumentada de várias composições e de um esboço biográfico, Rio de Janeiro, Ed. Laemmert, 1861, 204 p., in-8º.

"Protesto à nação brasileira e ao mundo inteiro pelo cidadão José Bonifácio de Andrada e Silva, deputado da Bahia." Rio de Janeiro, 1813, 1 fl., in-fl.

"Representação à Assembleia Geral Constituinte e Legislativa do Império do Brasil sobre a escravatura." Paris, 1812, 44 p., in-8º; há várias edições posteriores dessa memória.

"Viagem geognóstica aos montes Eugâneos do território de Pádua", escrita em 1794, na Itália, lida em 1812 e publicada nas *Memórias da Academia Real das Ciências de Lisboa*, 1812.

"Viagem mineralógica pela província da Estremadura até Coimbra", escrita em 1800, *Memórias da Academia Real das Ciências de Lisboa*, 1812.

POSSE NA APL
JOSÉ RENATO NALINI

Uma Casa de Intelectuais, num Estado como São Paulo, continua a titularizar relevância imensa. Ostenta elevada missão a cumprir e o presente clama por um protagonismo heróico. Preservar a cultura, zelar pelo idioma, disseminar o saber aplicado à transformação da vida.

Fiel cumpridor da Constituição e das leis, por vocação e por espontânea assimilação das praxes institucionais, atendo à normatividade acadêmica, para fazer jus ao título de membro efetivo deste cenáculo.

DUÍLIO CRISPIM FARINA

Destinou-me a Providência suceder a Duílio Crispim Farina, expressão completa da latinidade,[1] empenhado em curar corpos e almas e que honrou a Cadeira 40 de 1989 a 2003. Paulistano de nascimento, sua vida foi repetir Feijó: "sou paulista por mercê de Deus", e amou São Paulo, o Brasil e a Medicina sobre todas as coisas.[2]

Admirei-o à distância, por tudo quanto significou para a História e para a sua arte. Produziu mais de quinhentos escritos e publicou catorze livros, dentre os quais se destacam: *Esculápios portugueses das Sete Partidas, Tempo de vida, doença e morte na Casa de Bragança, Medicina no Planalto de Piratininga, Piratininga em tempos idos, Crônica da ilha de Santo Amaro ou do Guaibe e o Guarujá, Sarmiento de Gamboa no Brasil, Esculápios, boticas e misericórdias em Piratininga doutrora, Presença de França na terra*

1 Guido Arturo Palomba. "Oração de saudação a Duílio Crispim Farina", em sessão solene da APM, em comemoração ao Dia do Médico, Suplemento Cultural da APM.

2 Ibidem.

brasílica, Franceses em chãos do Brasil, entre tantos outros.

Devoção a São Paulo sobrepondo-se a todos os sentimentos, resgatou preciosidades históricas destinadas ao olvido não fora a sua saga. Sobre ele, o poeta Paulo Bomfim já pronunciara: "Em tudo o que escreve há uma constante patriótica, poder invocatório despertando o antigamente e dando voz ao silêncio que envolve a tradição em nossa época".[3]

Encantou-me a ligação de Duílio com a terra, fio condutor deste ecológico faldistório de número 40. Da infância na chácara aos últimos anos em contato direto com o ambiente. Na verdade, um cinturão de velhas chácaras rodeou sua vocação. Em todas elas, cercado de pássaros livres como os quer a mãe natureza – presos tão-somente aos laços afetivos que as criaturas pressentem num benfeitor. Ciclo vital permeado de devotamento à arte de curar, à pesquisa histórica, ao convívio irmão.

Perfil de singular generosidade, sobre suas virtudes poderiam melhor testemunhar os quatro evangelistas da fraterna grei, por ele invocados nas horas derradeiras: Guido Arturo Palomba, Celestino Borroul, Paulo Bomfim e Paulo José da Costa Júnior. Este, em sua missa de sétimo dia, voltou a encontrar-se com a eucaristia, depois de vinte anos. Sinal de que a bondade de Duílio Crispim Farina já teria começado a operar, mal apeou-se da vida para ingressar na transcendência.

3 Saudação do acadêmico Paulo Bomfim ao empossando acadêmico Duílio Crispim Farina. *Revista da Academia Paulista de Letras*, n. 108, novembro de 1996, p. 131.

MENOTTI DEL PICCHIA

Paulo Menotti Del Picchia foi o primeiro titular eleito para a Cadeira 40. Ocupou-a de 1962 a 1988. Paulista e paulistano, fez Direito nas Arcadas, exerceu o tabelionato, mas foi, sobretudo, patriota, e foi poeta.

Poesia com sabor da terra, entranhada na raiz brasílica, engajada na preservação do patrimônio maior da nacionalidade: seu meio ambiente.

A saga ecológica está em sua mais divulgada invenção poética: o "Juca Mulato". O poema do Brasil paulista, de racialidade impressionante.[4] Juca Mulato é um caboclo "forte como a peroba e livre como o vento", torso trigueiro, narina aflante, a agilidade dum poldro, a robustez dum touro, espécie de Hércules do mato, que passa, entre cafezais verdoengos e açucenais em flor, a cavalo no seu pigarço como uma figura de bronze, o chapeirão na cabeça, a garrucha à cinta, um cigarro de palha a arder na boca. O seu corpo rítmico e forte tem "audácias de coluna e elegâncias de barco" quando do alto da montanha ataca a restinga às foiçadas ou quando, de pé, em pleno cafezal, a enxada a lampejar-lhe as mãos, sustém, sob o ouro oleoso do sol, entre enxames de moscões silvestres, a invasão mordente da aninga. Ri, em todo ele, a alegria bárbara da força. Resplandece-lhe nos olhos a alma sagrada das florestas. Todo ele esplende, todo ele canta, titã negro e pacífico, ouvindo coaxar os sapos, escachoar nos açudes o rebojo das águas, mugir

4 Foi Oswald de Andrade, no artigo "O meu poema futurista", *Jornal do Commercio* de 27.05.1921, que detectou a racialidade impressionante de *Juca Mulato – o poema do Brasil paulista*... *Apud* Mário da Silva Brito, *História do Modernismo Brasileiro* I – Antecedentes da Semana de Arte Moderna, 4ª ed. Rio de Janeiro: Civilização Brasileira, 1974, p. 228.

ao longe as manadas ruivas e processionais dos bois. Vive no êxtase da natureza.[5]

A veneração pelo ambiente é o frêmito nativo, sentimento impulsionador do herói caboclo, todo terra/floresta e rio:

> Como se sente bem recostado no chão!
> Ele é como uma pedra, é como a correnteza,
> Uma coisa qualquer dentro da natureza
> Amalgamada ao mesmo anseio, ao mesmo amplexo,
> A esse desejo de viver grande e complexo,
> Que tudo abarca numa força de coesão.
> Compreende em tudo ambições novas e felizes,
> Tem desejo até de rebrotar raízes,
> Deitar ramas pelo ar,
> Sorver, junto da planta, e sobre a mesma leiva,
> O mesmo anseio de subir, a mesma seiva,
> Romper em brotos, florescer, frutificar![6]

Amor à terra tão potente e de intensidade tamanha, que fez Juca Mulato esquecer o amor carnal de remota concretização. O chamado da natureza supriu o desejo impossível. Muitas vezes, a vida ensina que o melhor é esquecer.

Juca Mulato esquece! Mas Juca só poderá esquecer fugindo. Abraça-se aos troncos hirsutos que o viram nascer, beija o ventre da terra que o gerou, pensa na fuga ou na morte. É então que a alma das cousas, que o gênio da floresta, que a voz profética do silêncio fala a esse "Peer Gynt" caboclo: "Tu queres nos deixar, filho desnaturado?". Um cedro soluça olhando para ele: "Foi de um galho meu que fizeram

5 Júlio Dantas. Na apresentação de "Juca Mulato", *in* Menotti del Picchia, *Poemas, obras completas*, vol. II, São Paulo: A Noite Editora, 1946.

6 Menotti del Picchia. "Juca Mulato", *op. cit.*, p. 16.

o teu berço!". A torrente diz-lhe jorrando: "Fui eu, Juca, que dei a água do teu batismo!". A floresta inteira prende-o, enleia-o, reclama-o, ergue-o na exaltação da força e da vida: "Nós somos a lenha que te aquece! Somos nós o cabo da tua enxada, o arco do teu bodoque, a grade da tua arapuca, o varejão do teu barco! Juca, nós somos a tua alma e, na terra natal, a própria dor dói menos!". Juca Mulato, do alto da montanha, ereto no cavalo como um deus de bronze, olha o cafezal verde, as plantas alinhadas, sente o bafo morno e dionisíaco da terra, vê todo o labor da empreitada, as enxadas faiscando ao sol, o céu em chamas, a vida em germinação e pouco a pouco, resignado, tranquilo – volta, ressurge, vive, esquece.[7]

O amor, matriz da vida, a multiplicar seres e coisas, numa força eterna, foi o móvel da fecundíssima existência de Menotti. Amor, usina do sonho, para o qual todas as almas nascem.

O sonho possível foi companhia fiel de Menotti. Já seu herói reconhecera: "Se minha alma surgiu para a glória do sonho, o meu braço nasceu para a faina da terra".[8] O sonho a embalar todos os projetos: "E é tão doce sonhar!... A vida, nesta terra, vale apenas, talvez, pelo sonho que encerra".[9] Sonho que justifica a existência do poeta: "Como é belo criar! Como é bom ser poeta! Desfazer o imediato, a certeza concreta, toda a limitação, o trivial, o bisonho, dilatando ao infinito as fronteiras do sonho!".[10]

Sonhador, sim, mas sem comprometer o sentido de realidade. Sonho que o predispõe à luta. Homem

7 J. Dantas, *op. cit.*

8 M. del Picchia. "Juca Mulato", *op. cit.*, p. 60.

9 M. del Picchia. "Máscaras", *op. cit.*, p. 66.

10 M. del Picchia. "O amor de Dulcineia", *op. cit.*, p. 123.

de muitas lutas. Combateu na qualidade de arauto do modernismo, e foi lutador de coragem suficiente para rever, quando preciso, suas posições. Reformulou, assim, a crítica ao trabalho de Anita Malfatti, e foi capaz de declarar, em ato de contrição: "Aqui fica, apagada e rouca, minha palavra de penitência e de defesa; digo-a por um dever de honestidade e de justiça, porque essa arte, por sugestão e por mal conhecê-la, eu também, como muitos, berradamente a neguei".[11] E resgata o valor da jovem injustiçada: "Anita Malfatti foi chefe da vanguarda na arrancada inicial do movimento modernista da pintura de São Paulo. Sua arte mereceu a honra consagradora do martírio: foi recebida a pedrada".[12]

Pedradas, ontem como hoje, prêmio reservado a quem se opuser à inércia. Recompensa destinada ao desafiador do marasmo. Resposta a mais frequente a quantos questionarem a congérie de irracionalidades preservadas em tanta empresa humana.

Perfilhou Menotti junto aos ousados responsáveis por novos paradigmas na arte brasileira. Impulsivo, fervoroso defensor de suas causas, poupou-o o temor de criticar: os maiores inimigos dos grandes poetas e prosadores paulistas são os próprios paulistas, e não hesitou em afirmar: "Em matéria de arte, a maioria popular está no período da pedra lascada".[13]

Desafiador, esse Menotti. Compara a caravana dos paulistas rumo à conquista da adesão carioca para o movimento modernista a uma bandeira futuris-

11 M.S. Brito, *op. cit.*, p. 67.

12 M. del Picchia. *Apud* M.S. Brito, *op. cit.*, p. 72.

13 M. del Picchia. "O pintor Pedro Bruno", *Correio Paulistano*, 10.05.1920, *in* M.S. Brito, *op. cit.*, pp. 154-5.

ta. Incita-os a prosseguir, a despeito da maledicência e da incompreensão:

> Bela coragem! Eu, que sou também bandeirante desse grupo galhardo, sigo-os com olhos cheios de amor, inveja e susto... A façanha é ousada! Em lugar das onças, das tribos selvagens, das serpentes, que se atravessavam no caminho das entradas como o grito de revolta da terra virgem contra a audácia dos conquistadores, a bandeira futurista terá que afrontar os megatérios, os bizontes, as renas da literatura pátria, toda a fauna antediluviana, que ainda vive, por um milagroso anacronismo...[14]

Pretendeu modernizar também a vida pública. Engajou-se na façanha paulística de 9 de julho de 1932 e até escreveu, com sôfrega paixão, uma obra destinada a retratar a epopeia: "A revolução constitucionalista foi um desabafo. Foi a formidável descarga nervosa de sete milhões de criaturas... A vitória, em si mesma, não devia ter egoística finalidade, porque os destinos da nação é que deviam marcar o rumo fatal das coisas".[15] A tese paulista foi vitoriosa. A afeição ao Estado de Direito, o respeito à Carta Magna, sentimentos que sobrepujaram o apego à vida.

Sob concepção de tal heroísmo, "... a vitória paulista foi integral. Um novo espírito se formou no seio da sua população, mais moço, mais consciente e mais combativo do que nunca. Educou sua vontade e enriqueceu sua experiência. Libertou-se da sobrevivência dos arcaísmos, estimulou sua ousadia na aná-

14 M. del Picchia. "A bandeira futurista", *Correio Paulistano*, 22.10.1921, *in* M.S. Brito, *op. cit.*, pp. 316-7.

15 M. del Picchia. *A Revolução Paulista*, 4ª ed., São Paulo: RT, 1932, pp. 237-8.

lise, libertou-se de preconceitos mortos, saiu, enfim, da velha carapaça artificial que, como um invólucro de chumbo, entibiava sua energia e limitava suas iniciativas. A verdadeira vitória reside em São Paulo ter entrado na posse consciente de si mesmo e essa vitória vale por todos os triunfos que pudesse ter obtido pelas armas".[16]

Nada mais oportuno, nada mais atual do que reler Menotti. Nada mais adequado – nesta quadra histórica – do que se impregnar de seu entusiasmo heroico, a nós, que nos é dado patinar numa turbulenta maré de reformas.[17] É preciso repensar, e mergulhar no presente, o real significado de sua afirmação: "A nossa independência política não nos alforriou numa independência mental".[18]

Houve efetiva ruptura das amarras da subalternidade? Por que teríamos continuado com mentalidade de colônia em tantos aspectos ainda? Por que a ânsia da cópia, do modismo, da subserviência a modelos exóticos e desvinculados de nossas raízes? Por que o receio de ser original e de assumir o compromisso com o genuíno? Por que o pavor de encarar o futuro?

É tempo de interromper a repetição perene de uma mesma tonalidade cromática e sonora, como se o passado fosse o grande sino tangido pelos gênios de outrora e vivêssemos eternamente da sua ressonância, dos seus ecos e da saudade dos seus ecos...[19] Impõe-se estar aberto aos reclamos da contemporaneidade. Não

16 Ibidem, pp. 239-40.

17 Título de um artigo de Menotti del Picchia no *Correio Paulistano* de 24.01.1921.

18 M. del Picchia. "Na maré das reformas", *in* M.S. Brito, *op. cit.*, pp. 190-1.

19 Ibidem.

só os vocábulos caem, chochos e secos, da árvore do vocabulário. Com as transmutações da ética e com as invenções do gênio industrial humano, os sentimentos mudam, alguns surgem novos, outros desaparecem. "(...) É preciso reagir. É preciso esfacelarem-se os velhos e râncidos moldes..., reformar-se a técnica, arejar-se o pensamento surrado no eterno uso das mesmas imagens".[20]

Isto ainda vale para tantas instituições! Volta, Menotti, e inspira seus compatrícios!

JOSÉ FELICIANO DE OLIVEIRA

Meu saudoso antecessor, Duílio Crispim Farina, ao contemplar o fundador da Cadeira 40, delineou em preciso traço a delicada imagem do cientista jundiaiense: "Estudar, conhecer José Feliciano de Oliveira, é redescobrir um dos nomes tutelares da Educação e da Instrução Pública. Molde de antigo paulista, simples, alheio aos mundanismos efêmeros, reto, probo, dignidade integral, coerente com seu pensar e sua dialética. Figura talhada para o mármore do justo culto e permanente respeito".[21]

Menino pobre, sozinho preparou-se aos estudos secundários, completados na Escola Normal da Praça. Antes disso, aos 15 anos, fundara em Jundiaí o Gabinete de Leitura Ruy Barbosa, ainda existente.

Professor de Astronomia, de Mecânica e Matemática, Português, Latim e Francês, idioma que dominava perfeitamente. Ensinou História da Língua e devotou-se desde cedo ao positivismo de Augusto

20 Ibidem.

21 Duílio Crispim Farina. "Discurso de Posse", *Revista da Academia Paulista de Letras*, n. 108, novembro de 1996, p. 111.

Comte. E com tal afinco e ardor que, ainda na juventude, foi cognominado Testamenteiro do Mestre.

Revolucionário ao propugnar o conteúdo ideal do processo educativo, sofreu revezes e perseguições. Teve extinta sua cadeira de Astronomia e recusada a oferta – sem ônus para o Estado – de preservação de seu Observatório Astronômico.

Sim, construíra às suas expensas torre imensa em sua casa, lá pelos lados da Consolação. Ali, munido de vasta luneta, sonhava e batalhava por um Brasil melhor, observava o céu e propiciava a seus alunos a contemplação do firmamento.

A desilusão fá-lo tornar a Paris, em exílio voluntário, onde permanece até 1958. Ali já estudara por um ano em 1902 e torna-se refúgio definitivo a partir de 1910. Torna-se, então, o brasileiro mais influente em França e, entre 1934 e 1939, ministra nove cursos e doze conferências. Multiplicidade de temas ocupa sua vasta agenda de eventos na Sorbonne, na Faculdade de Letras e na de Ciências, no Palais de la Mutualíté, no Instituto de História das Ciências anexo à Universidade Paris e no Colégio Livre de Ciências Sociais, de que se torna catedrático.

Sentindo o momento de seu encontro com o Criador, retorna ao Brasil para morrer em 1962 e ser enterrado no cemitério Nossa Senhora do Desterro, em Jundiaí. Então com 16 anos, estive entre os conterrâneos que levaram suas despedidas ao famoso filho da terra.

Franzino, cabelos totalmente brancos, óculos azuis. Modesto por excelência. Tão modesto, que só aceitou o convite de Joaquim José de Carvalho, o artífice da Academia Paulista de Letras, para ser um de seus pais fundadores, se lhe fosse destinada a Cadeira de número 40. A última, na ordem numeral, desta Casa de Imortais.

O episódio é por ele narrado no livro *José Bonifácio e a Independência – O homem do Fico e o verdadeiro Patriarca,* revisitado por Duílio Crispim Farina. Ouçamos José Feliciano de Oliveira: "Insistências do dr. J.J. de Carvalho forçaram-me então a entrar na Academia de Letras de São Paulo. A condição foi a de me reservarem o último lugar, o quadragésimo. Pensava que o entusiasta fundador do sodalício literário não acharia em São Paulo 39 renomes ou candidatos às láureas acadêmicas. Enganei-me. No fim de algumas semanas, o dr. Carvalho apareceu-me jubiloso em casa, com a lista de 39 acadêmicos, e o 40º lugar reservado para mim. Não me inscrevi logo. Quis examinar a lista, para achar incompatibilidades impedintes. Não as achei. Mas dei logo com os nomes de meu querido amigo e correligionário dr. Luiz Pereira Barreto e do ilustre sacerdote Francisco de Paula Rodrigues, o popular 'Padre Chico', que me honrava com sua particular amizade; e que muito, muito estimava. A saudade me faz rever sua amical e suave imagem na Estação da Luz no dia de minha partida para meu voluntário exílio. Não hesitei mais, vendo-me em tão honrosa companhia. Inscrevi-me e escolhi José Bonifácio como patrono de minha cadeira, com a promessa de escrever uma monografia glorificando o Patriarca".[22]

Cumpriu o avençado. Honrou a Academia Paulista de Letras por cinquenta e três anos, desde a fundação, em 1909, até 1962.

22 D.C. Farina. *Dr. Joaquim José de Carvalho – Artífice da Academia Paulista de Letras*. São Paulo: Edicon, 1999, pp. 83-4.

JOSÉ BONIFÁCIO DE ANDRADA E SILVA O PATRIARCA

Eis-me, finalmente, a adentrar ao santuário cujo orago cívico é o santista José Bonifácio de Andrada e Silva.

Faço-o com respeitosa reverência e imbuído de um sentimento de redescoberta, tal como o descreve Gilberto Freyre: "Cada dia, encontro novos motivos para ver em José Bonifácio a maior, a mais alta, a mais completa figura brasileira de todos os tempos".[23]

Louva-se em José Bonifácio o protagonismo sem similar na construção da História do Brasil, o seu papel fundamental no grito de Independência, a sua lealdade ao primeiro imperador e o seu desprendimento. A ponto de aceitar a tutela do filho – Pedro II –, mesmo após colher a ingratidão do pai – Pedro I.

Tais facetas não completam a robusta consistência do personagem. José Bonifácio foi muito além de ter sido o herói da Independência. Comoveu-me descobrir nele o primeiro ecologista brasileiro. Homem de intensa ligação com a terra, preocupado com as matas nativas e empenhado em reflorestar.

Em sua obra *Memória sobre a necessidade e utilidades do plantio de novos bosques em Portugal – Particularmente de pinhais nos areais de beira-mar; seu método de sementeira, costeamento e administração*, explica sua devoção aos labores da natureza.

Na linguagem da época, aduz pitorescamente: "Não se me estranhe que sendo metalurgista de profissão, ouse também tratar nesta *Memória* de objetos de Lavoura. A agricultura, tão necessária quanto aprazível e honrosa, sempre atraiu a minha atenção e amor.

23 Otávio Tarquínio de Sousa. *José Bonifácio*. Rio de Janeiro: Nova Civilização Brasileira, 1972, apresentação.

No Brasil, durante os meus estudos em Coimbra, nas minhas peregrinações pela maior parte da Europa, depois da minha volta ao Reino, nunca a deixei de estudar, quanto em mim coube. Em o ano de 1802 e seguintes, fiz rotear uma grande parte da charneca inculta dos montes de Santo Amaro pertencente à Real Mina de Buarcos; onde além de um pinhal de mais de 46 geiras, faço cultivar trigo, centeio, cevada, aveia, milho, batatas, favas, nabos, e prados artificiais para o sustento do gado daquela Mina. Não contente com a direção desta só lavoura, quando fui ler a minha Cadeira em Coimbra, arrendei no Almegue uma grande Quinta (e bem cara) com terras de pão, olivais, vinhas, pomares, hortas e insua; para mais a meu saber aprender as miudezas da nossa Agricultura, ajuizar de seus lucros e fazer novas experiências".[24]

Nesse estudo, prega a necessidade absoluta de semear e plantar matas e arvoredos em todos os baldios, sobretudo nos cumes e ladeiras. Sem a mata generosa, são progressivamente esterilizados terrenos outrora produtivos. Considerava tão urgente a providência naquela época – 1812, há quase duzentos anos! – que não hesitava em conclamar os brios lusitanos: "É esta necessidade tão manifesta hoje em dia; e é tal o esmero, que há mais de meio século tem mostrado a este respeito as Nações cultas da Europa, que para nos animarmos a imitá-las, basta pequeno patriotismo e uma faísca de senso comum".[25]

24 José Bonifácio de Andrada e Silva. *Memória sobre a necessidade e utilidades do plantio de novos bosques em Portugal – Particularmente de pinhais nos areais de beira-mar; seu método de sementeira, costeamento e administração.* 2ª ed. Rio de Janeiro: Ministério da Agricultura, Indústria e Comércio, MCMXXV, pp. 18-9.

25 Ibidem, p. 21.

Os proveitos sem conta, que de tão heroica empresa[26] deveria tirar o reino, seriam naturais e cósmicos, ou políticos. Naturais seriam o melhoramento total da terra e clima, progressivamente piorados. Alertava que os países que perderam suas matas encontravam-se quase todos estéreis e sem gente. O mesmo já sucedia em Portugal: "Areais imensos, pauis e brejos cobrem sua superfície. Que lástima não é, que um tão belo país, por desmazelo emperrado de muitos de seus filhos, se vá reduzindo a um esqueleto de charnecas descarnadas, e de cabeços escalvados; quando pela temperatura do seu clima e pelas desigualdades da sua superfície, podia ter quase todas as árvores próprias dos climas, e quentes e frios, do nosso Globo".[27]

Na condição de brasileiro, qualificada testemunha da cruel exploração extrativista em que consistiu a colonização, com seus sucessivos ciclos devastadores, evidenciava insólito apreço à floresta: "Quais outras produções da Mãe Natureza devem merecer maior atenção ao filósofo e ao estadista, do que as matas e arvoredos? Árvores, lenhas, madeiras: estas sós palavras, bem meditadas e entendidas, bastam para despertar a nossa estudiosa atenção e para interessar vivamente a nossa sensibilidade".[28]

Sua visão da irresponsabilidade humana face ao ambiente preconizava, no limiar do século XVIII, a consciência que só viria a tomar forma no século XX: "Graças porém à Divindade, eram então imensas as matas: mas com o andar dos séculos esses ricos tesouros com que nos tinha dotado a mão liberal da

26 Ibidem.

27 Ibidem.

28 Ibidem, p. 22.

Natureza foram diminuindo e acabando pelo aumento da povoação e agricultura; e muito mais pela indolência, egoísmo, e luxo desenfreado de precisões fictícias, que destruíam em um dia a obra de muitos séculos. É já tempo de acordarmos de tão profundo sono e de refletirmos seriamente nos males que sofre Portugal pela falta de matas e arvoredo".[29]

Idêntico brado não está a servir para a situação brasileira, quase duzentos anos depois desse clamor? Não merece igual lamento a situação agonizante da Mata Atlântica deste gigante que se continua a saquear, enquanto narcotizado em berço esplêndido? Arrefeceu a cupidez, atenuou-se a insensibilidade humana ou recrudesceram ambas no terceiro milênio?

E, no entanto, sem matas, a umidade essencial à vida vai faltando. A terra se faz árida e nua. Sem a mata, secam os rios e só borrascas e trovoadas arrasam as ladeiras, areiam os vales e costas e inundam e subterram as searas.[30] Sem a mata, novo clima e nova ordem de estações estragam campos outrora férteis e temperados.[31]

Somem as matas e, em seu lugar, as enfermidades. Sem matas, quem absorverá os miasmas dos charcos? Quem espalhará pelo estio a frescura do inverno? Quem chupará dos mares, dos rios e lagoas os vapores, que em parte dissolvidos e sustentados na atmosfera caem em chuva, e em parte decompostos em gases vão purificar o ar, e alimentar a respiração dos animais? Quem absorverá o gás ácido carbônico,

29 Ibidem.

30 Ibidem.

31 Ibidem.

que estas expiram, e soltará outra vez o oxigênio, que aviventa o sangue e que sustenta a vida?[32]

Há muito desapareceu a caça, que fartava o rico e o pobre. Falta a fertilização natural, que subministra diuturnamente as folhas e resíduos. Ausentes as matas, minguou a fertilidade da terra; e a lavoura e a povoação definharão necessariamente.[33]

O Patriarca da Independência era também o Patrono da Ecologia. Apercebeu-se da realidade holística ainda hoje ignorada por tantos eruditos. Ousava proclamar em 1812: "(...) Assim, tudo é ligado na imensa cadeia do Universo; e os bárbaros que cortam e quebram seus fuzis, pecam contra Deus e a Natureza e são os próprios autores de seus males".[34]

Senhor presidente, senhores acadêmicos, amigos do meu coração:

Talvez sem êxito, tenha tentado resgatar a memória de meus antecessores.

Cresci ao entregar-me a tal missão.

Depois do fio condutor da paixão pela natureza, fui encontrar o sonho, acalentado por todos eles. Sonho que cada qual se empenhou em tornar realidade, numa peleja desigual contra a ignorância tímida ou desleixada, contra o obscurantismo de algumas toupeiras, que temem ou não podem suportar a luz.[35] Mas, como eles, acredito que a vitória não pode ser da ignorância, nem hão de vencer as mediocridades.

32 Ibidem.

33 Ibidem.

34 Ibidem, pp. 23-4.

35 O.T. Sousa, *op. cit.*, reproduzindo frase de José Bonifácio em discurso feito em 1815, na Academia das Ciências de Lisboa, p. 44.

Apreendi que os meus vates semearam idealismo e colheram incompreensão. Não se desiludiram por isso. O desapego era atributo comum aos quatro grandes lumes antecessores. Na voz do patrono, é preciso ter presente a sábia advertência: nunca dei peso ao fumo das grandezas humanas.[36] Pois nunca as honras e os títulos tiveram valia para o homem livre e virtuoso.[37]

Atenderam à vocação interior, deles a reclamar doação em plenitude. Identificaram o apelo da consciência por bem saberem que em vão o sábio ama a paz e o retiro: deve aos outros, a quem pode guiar, seus profundos pensamentos e seu engenho regenerador. Se a razão desenganada busca viver longe das paixões e dos acasos da fortuna, e ri das vaidades humanas, há circunstâncias que reclamam seus serviços à humanidade.[38] Ou, conforme já se afirmara: todo cidadão se deve aos seus concidadãos, conforme a sua esfera; e quando tem a sublimidade de pensar e querer, o bem da espécie inteira é o seu fito.[39]

A essa atitude perante a vida se pode chamar singelamente uma conduta ética irrepreensível.

Mergulhar nessas vidas impregnadas de doação, devotamento, desinteresse, desapego, ternura para com as criaturas e para com o ambiente foi um profundo exame de consciência.

Depois dele, virá o propósito de não deslustrar a senda gloriosa.

É hora de encerrar.

36 Ibidem, p. 220.

37 Ibidem, p. 228.

38 J.B. de Andrada e Silva. *Apud* O.T. Sousa, *op. cit.*, p. 82.

39 Ibidem.

O que significa para o jundiaiense, filho das fraldas do Japy, ingressar nesta Academia Paulista de Letras?

Significa percorrer de volta cinquenta e sete anos de existência e reencontrar, na primeira metade do século passado, a influência da mãe que o despertou para a mágica da leitura.

Senhor Governador: tenho o privilégio de ainda ter mãe: Benedita Barbosa Nalini. Foi aí que tudo começou.

A cada mês, um novo livro premiava o bom êxito obtido na Escola Paroquial. Livro devorado num amor crescente, até que o menino, já então com o produto do seu trabalho, pudesse continuar uma coleção que ainda continua e nunca mais terminará. Legado que vou transmitir, com especial recomendação de zelo, aos meus quatro filhos: João Baptista, José Renato, Ana Beatriz e Ana Rosa.

Significa a gratidão às primeiras mestras, freiras vicentinas, secundadas pelos sacerdotes salvatorianos, que o fizeram persistir na incessante busca do saber.

Significa a constatação de tantas ausências físicas, mas presenças consistentes n'alma, que o incentivaram e o confortaram e lhe estenderam a mão.

Significa atribuir a Rubens Teixeira Scavone o primeiro aceno para ocupar uma Cadeira neste cenáculo, sonho aparentemente intangível. Depois reconhecer o entusiasmo de alguns acadêmicos e, finalmente, identificar a bondade de tantos outros. Enumerá-los é risco de incorrer em injustiça, e nada mais trágico, para um juiz, do que cometer iniquidade.

Cada qual sabe da gratidão e do reconhecimento que a todos devoto.

A eles, irmãos completíveis, só posso prometer – além do meu carinho fraterno – estrita fidelidade aos ideais da Academia.

Uma Casa de Intelectuais, num Estado como São Paulo, continua a titularizar relevância imensa. Ostenta elevada missão a cumprir e o presente clama por um protagonismo heroico. Preservar a cultura, zelar pelo idioma, disseminar o saber aplicado à transformação da vida.

Inspiram-me alguns valores, dentre os inúmeros cultivados por meus antecessores. O respeito à natureza, doação gratuita da Providência, a continuada busca de uma ética irrepreensível e a devoção ao direito.

Reflorestar a terra e as mentes, como quis José Bonifácio. Lutar para reformar os homens e as instituições, a cruzada de Menotti. Respeitar o próximo e todos os viventes, consoante viveu Duílio. Sem deixar de alimentar os sonhos e de contemplar as estrelas, lição de vida de José Feliciano.

Existe paradigma existencial de maior nobreza?

José Bonifácio de Andrada e Silva, José Feliciano de Oliveira, Paulo Menotti del Picchia, Duílio Crispim Farina:

Estais ainda conosco e deste convívio vosso espírito inspirador não se afaste jamais!

Sabeis, do etéreo, que não sou digno de entrar nesta morada. Acompanhai-me, porém, na trajetória que hoje tem início, e me animará a esperança de que não irei decepcioná-los, nem aos irmãos que, presentes ou não, em nossos ideais comuns acreditaram!

Muito obrigado.

São Paulo, 07.08.2003

BIBLIOGRAFIA

Amaral, Brenno Ferraz do. *José Bonifácio*. São Paulo: Martins, 1968.

Andrada e Silva, José Bonifácio. *Memória sobre a necessidade e utilidade de novos bosques em Portugal – Particularmente de pinhais nos areais de beira-mar; seu método de sementeira, costeamento e administração*. Lisboa: Tipografia da Academia Real das Ciências, 1815.

Armitage, João. *História do Brasil: desde o período da chegada da família de Bragança, em 1808, até a abdicação de d. Pedro I, em 1831, compilada à vista dos documentos públicos e outras fontes originais formando uma continuação da História do Brasil, de Southey*. Belo Horizonte: Itatiaia - São Paulo: Edusp, 1981.

Barman, Roderick J. *Imperador cidadão*. São Paulo: Editora Unesp - Imprensa Oficial do Estado de São Paulo, 2019.

Bruhns, Karl C. *Alexander von Humboldt. Eine wissenschaftliche Biographie*. Vol. I. Leipzig: Brockhaus, 1872.

Camargo, Monsenhor Paulo Florêncio da Silveira. *A igreja na história de São Paulo*. Vol. V. São Paulo: Instituto Paulista de História e Arte Religiosa, 1953.

Cartas Andradinas: *correspondência particular de José Bonifácio, Martim Francisco e Antônio Carlos, dirigida a A. de M. Vasconcellos de Drummond*. Rio de Janeiro: Tipografia de G. Leuzinger & Filhos, 1890.

Coelho, José Maria Latino. *Elogio histórico de José Bonifácio*. Rio de Janeiro: Edições Livros de Portugal, 1942.

Correspondência entre Maria Graham e a imperatriz dona Leopoldina, *e cartas anexas*. [Separata dos *Anais da Biblioteca Nacional do Rio*.] Rio de Janeiro: Serviço Gráfico do Ministério da Educação e Saúde, 1940.

Costa, Dom Antônio da. *História da instrução popular em Portugal*. 2ª ed. Porto: Editora A Figueirinha, 1900.

Dana, James Dwight. *A System of Mineralogy*. Ed. Princeps, 1892, reproduzido por John Wiley and Sons. New York, 1904.

Drummond, Antonio de Meneses Vasconcellos de. *Annotações à biografia de A. de M.V. de Drummond*. Rio de Janeiro: Tipografia de G. Leuzinger & Filhos, 1890.

Freyre, Gilberto. "A propósito de José Bonifácio." *In Polianteia: consagrada à vida e obra de José Bonifácio de Andrada e Silva, no bicentenário de seu nascimento*. São Paulo: Instituto Histórico e Geográfico de São Paulo, 1963.

Gomes, Alfredo. "O testamento de José Bonifácio precedido de algumas considerações sobre sua vida." *In Polianteia: consagrada à vida e obra de José Bonifácio de Andrada e Silva, no bicentenário de seu nascimento*. São Paulo: Instituto Histórico e Geográfico de São Paulo, 1963.

Guimarães, Archimedes Pereira. *José Bonifácio, o Patriarca*. Bahia, 1938 [sem indicação de editora ou tipografia].

Marías, Julián. *História de la filosofia*. 2ª ed. Madrid: Revista de Ocidente, s/d.

Meireles, Cecília. "O muito probo, honrado e patriótico cidadão José Bonifácio de Andrada e Silva." *In Polianteia: consagrada à vida e obra de José Bonifácio de Andrada e Silva, no bicentenário de seu nascimento*. São Paulo: Instituto Histórico e Geográfico de São Paulo, 1963.

Oberacker Jr., Carlos H. "A visão fantástica de José Bonifácio de Andrada e Silva." *In Humboldt*. Vol. 50, 1985.

Priore, Mary del. *As vidas de José Bonifácio*. Rio de Janeiro: Estação Brasil, 2019.

Souza, Alberto. *Os Andradas*. São Paulo: Tipografia Piratininga, 1922.

Souza, Octavio Tarquínio de. *José Bonifácio*. São Paulo: Itatiaia, 1988.

_____. *História dos fundadores do Império do Brasil*. Rio de Janeiro: José Olympio, 1960.

Todorov, Tzvetan. *Deveres e deleites: entrevistas com Catherine Portevin*. São Paulo: Editora Unesp - Imprensa Oficial do Estado de São Paulo, 2019.

Varnhagen, Francisco Adolfo de. "História da Independência." *In Revista do Instituto Histórico e Geográfico do Brasil*, t. LXXIX, 1917.

CRÉDITOS DAS IMAGENS

fig. 1: Martim Francisco Ribeiro de Andrada
fig. 2: Antônio Carlos Ribeiro de Andrada Machado e Silva
Fonte: Wikipédia [domínio público]

fig. 3: Fac-símile de *Poesias avulsas*
fig. 4: Fac-símile da folha de rosto de *Poesias*
fig. 5: Fac-símile de página do livro *Ode aos gregos*
Fonte: Biblioteca Mário de Andrade

fig. 6: Pedro c. 1816, por Jean-Baptiste Debret
fig. 7: Pedro II aos 12 anos vestindo o uniforme imperial de gala, 1838, por Félix Émile Taunay, no Museu Imperial
fig. 8: Primeira página do testamento de José Bonifácio de Andrada e Silva. Sob a guarda do Arquivo Nacional
fig. 9: Hesíodo
fig. 10: Santo Agostinho
fig. 11: Duque de Lafões (D. João Carlos de Bragança)
fig. 12: Aristóteles
fig. 13: Voltaire
fig. 14: Antoine Lavoisier
Fonte: Wikipédia [domínio público]

fig. 15: Brasão da Academia das Ciências de Lisboa
Fonte: Academia das Ciências de Lisboa

fig. 16: Faculdade de Direito de São Paulo
Fonte: Biblioteca Mário de Andrade

fig. 17: Retrato de José Bonifácio de Andrada e Silva, em litografia de S.A. Sisson
Fonte: *Galeria dos brasileiros ilustres (os contemporâneos)*. Rio de Janeiro: S.A. Sisson Editor, 1861, 2 v. [domínio público]

fig. 18: Maria Graham
Fonte: Wikipédia [domínio público]

fig. 19: Retrato da marquesa de Santos, óleo sobre tela, 70 cm x 56 cm, obra que integra o acervo do Museu Paulista da USP.
Fonte: Coleção Fundo Museu Paulista

AGRADECIMENTOS

Esta Coleção nasce de esforço coletivo antes de se findar 2020. Ano marcado por duros adjetivos para toda a humanidade. Entre nós, foi ano em que a vida cultural se viu obrigada a se reinventar para que o melhor do que o Brasil sempre produziu permanecesse em todos os campos das artes.

Tempos em que, tão prejudicada, a cultura resistiu e criou alentos, e neste nosso caso, a lembrar que livros podem ser lindos, simples, acessíveis e revelar traços das obras e de personalidades brasileiras que o leitor poderá conhecer e, seduzido, buscar se aprofundar.

Foram os desenhos de Fernando Lemos, esse gênio de invenção permanente em tantas linguagens, que tiraram o formato da Coleção do lugar-comum. Em parceria com Raul Loureiro, ele não poderia sequer ter suspeitado, mas teria reconhecido a maestria.

A coleção integral dos desenhos que compõem nossas capas se encontra no acervo do Museu de Arte Moderna de São Paulo, que os tem sob sua guarda graças à doação de *O Estado de S. Paulo*, integrantes de seu "Suplemento Literário" – proposto a Júlio de Mesquita Neto e Ruy Mesquita, em 16.07.1956, por Antonio Candido de Mello e Souza, que lhes apresentou um plano completo e detalhado para um suplemento literário e artístico.

Nossos agradecimentos se voltam inicialmente ao MAM-SP, que acolheu proposta de nossa Coleção, licenciando os originais de Fernando Lemos. Prosseguem com Patricia de Filippi e Millard Schisler, do Estúdio 17, cujo registro fotográfico desse conjunto nos foi gentilmente autorizado.

Sem Fernando Lemos o formato da Coleção não teria esse brilho, essa chamada e distinção, essa clareza de comando e de expressão, com requintes de inteligência, criatividade e senso de humor que o artista manteve na poesia, em seus provérbios, em seus postais, na gravura, na fotografia, na pintura, nos desenhos, em sua letra e assinatura, na vida.

A generosidade de Fernando Lemos marcou atavicamente os seus, os quais, potencializando os gestos costumeiros dele, cederam seus direitos para essa Coleção de imortais que agora também o imortaliza: a gratidão dos editores a Beatrix, Ana, Titita, José Augusto, Rodrigo e Paola.

Agradecer ainda aos acadêmicos da APL que se dedicaram a escrever sobre personalidades admiráveis que compõem esta série. E a todos aqueles que, na Imprensa Oficial do Estado de São Paulo e na Academia Paulista de Letras, contribuíram para cada título, desde a matriz da Editora ao chão da Gráfica.

JOSÉ RENATO NALINI
NOURIVAL PANTANO JÚNIOR

Biblioteca da Imprensa Oficial do Estado de São Paulo
Ivone Tálamo – Bibliotecária CRB 1536/8

N171j
Nalini, José Renato
Muitas vidas em uma só: José Bonifácio de Andrada e Silva / José Renato Nalini – São Paulo : Academia Paulista de Letras; Imprensa Oficial do Estado de São Paulo, 2020.
112 p., il. – (Coleção APL Perfis biográficos; v.1)

Bibliografia.
Excertos.
Antologia.
Notas de rodapé.

ISBN 978-85-401-0187-6

1. Silva, José Bonifácio de Andrada e 1763 – 1838 I. Título. II. Série.

CDD B869.92

Índice para catálogo sistemático:
1. Silva, José Bonifácio de Andrada e : Biografia B869.92

Foi feito o depósito legal na Biblioteca Nacional
(lei nº 10.994, de 14.12.2004).

Grafia atualizada segundo o Acordo Ortográfico da Língua Portuguesa de 1990, em vigor no Brasil desde 2009.

Impresso no Brasil, 2020

Academia Paulista de Letras
Largo do Arouche, 312/324 República
01219-010 São Paulo SP Brasil
tels 11 3331 7222 | 11 3331 7401
www.academiapaulistadeletras.org.br
e-mail: apl@academiapaulistadeletras.org.br

Imprensa Oficial do Estado de São Paulo
Rua da Mooca, 1921 Mooca
03103-902 São Paulo SP Brasil
SAC 0800 0123 401
www.imprensaoficial.com.br

2020 ACADÊMICOS APL

7 Anna Maria Martins
32 Antonio Penteado Mendonça
16 Bolívar Lamounier
4 Célio Debes
23 Celso Lafer
11 Eros Roberto Grau
27 Fábio Lucas
36 Dom Fernando Antônio Figueiredo
5 Gabriel Benedito Issaac Chalita
37 Ignácio de Loyola Brandão
31 Ives Gandra da Silva Martins
33 Jô Soares
13 João Carlos Martins
18 Jorge Caldeira
22 José de Souza Martins
26 José Fernando Mafra Carbonieri
25 José Goldemberg
15 José Gregori
29 José Pastore
40 José Renato Nalini
8 Juca de Oliveira
3 Júlio Medaglia
6 Luiz Carlos Lisboa
28 Lygia Fagundes Telles
9 Marcio Scavone
35 Maria Adelaide Amaral
24 Mauricio de Sousa
2 Miguel Reale Júnior
12 Paulo Nathanael Pereira de Souza
30 Raul Cutait
1 Raul Marino Junior
20 Renata Pallottini
21 Roberto Duailibi
10 Rubens Barbosa
38 Ruth Rocha
39 Ruy Ohtake
19 Synesio Sampaio Goes Filho
34 Tércio Sampaio Ferraz Jr.
14 Walcyr Carrasco
17 Zuza Homem de Mello (*in memoriam*)

PATRONOS APL

1 José Joaquim Machado de Oliveira
2 Visconde de São Leopoldo
3 Matias Aires
4 José de Anchieta
5 Eduardo Prado
6 Couto de Magalhães
7 José Bonifácio de Andrada e Silva (O Moço)
8 Bárbara Eliodora
9 Álvares de Azevedo
10 Cesário Mota
11 Bartolomeu de Gusmão
12 Paulo Egydio
13 Alexandre de Gusmão
14 Martim Francisco Ribeiro de Andrada
15 Luiz Gama
16 Américo Brasílio de Campos
17 Júlio César Ribeiro
18 Antonio de Toledo Piza e Almeida
19 Barão de Piratininga
20 Ezequiel Freire
21 Antônio Carlos Ribeiro de Andrada Machado e Silva
22 João Pereira Monteiro Júnior
23 Monsenhor Manuel Vicente
24 Quirino dos Santos
25 Visconde de Porto Seguro
26 Martins Fontes
27 Conselheiro Ramalho
28 Caetano de Campos
29 Paulo Eiró
30 Regente Feijó
31 Rangel Pestana
32 Ezequiel de Paula Ramos
33 Teófilo Dias
34 Pedro Taques de Almeida Pais Leme
35 Antonio de Godoi Moreira e Costa
36 Euclides da Cunha
37 João Mendes de Almeida
38 Clemente Falcão de Souza Filho
39 Gabriel José Rodrigues dos Santos
40 José Bonifácio de Andrada e Silva (O Patriarca)

IMPRENSA OFICIAL DO ESTADO DE SÃO PAULO

COLEÇÃO APL

Coordenação | Curadoria
JOSÉ RENATO NALINI

Coordenação editorial
CECÍLIA SCHARLACH

Edição
ANDRESSA VERONESI

Preparação, revisão, pesquisa iconográfica
CARLA FORTINO

Leitura técnica
FRANCISCO ALVES DA SILVA

Desenhos | Capas e orelhas
FERNANDO LEMOS | COLEÇÃO MAM-SP

Projeto gráfico capas
RAUL LOUREIRO

Projeto gráfico miolo
TERESA LUCINDA FERREIRA DE ANDRADE

Reprodução desenhos Fernando Lemos
ESTÚDIO 17 | PATRICIA DE FILIPPI, MILLARD SCHISLER

Impressão e acabamento
IMPRENSA OFICIAL DO ESTADO S/A – IMESP

Formato 12 x 21 cm
Tipologia Neuzeit, Optima
Papel miolo offset 90 g/m²
Papel capa Cartão Triplex 250 g/m²
Páginas 112

GOVERNO DO ESTADO DE SÃO PAULO

Governador
JOÃO DORIA

Vice-governador
RODRIGO GARCIA

IMPRENSA OFICIAL DO ESTADO DE SÃO PAULO

Diretor-presidente
NOURIVAL PANTANO JÚNIOR